JN438555

사고
가능성

제2회 박인환詩문학상 수상집

엄창섭 시인 대표시선

월간모던포엠출판부
도서출판 채운재

정랑(靜浪) 엄창섭 시인 약력

- 1945. 6. 10. 강릉시 용강동 8의 6번지에서 출생
- 학위논문
  - 석사 :「님의 沈默에 표현된 萬海의 시세계 연구」(1973, 경희대학교 교육대학원 국어교육 전공)
  - 박사 :「超虛 金東鳴 硏究」(1986, 성균관대학교 대학원 국어국문학과)
- 재학시절 문학 활동
  - 강릉사범병설중학교와 강릉고등학교 재학 당시 원영동 시인(국어교사)으로부터 문학지도 받음
  - 〈학원문학상〉, 〈KBS 학생문예〉, 각종 〈대학교 백일장〉, 〈강원도 고교학생실기대회 및 강원도학생백일장〉 등에서 시부와 산문부 장원 입상 다수
  - 1967년 10월 대현이율곡제전 전국백일장 일반부 시부 장원(문화공보부장관상 수상)
- 1970. 3. ~ 1980. 2. 강릉명륜고등학교 국어교사 재직 및 관동대 강사
- 1977. 10. ~ 11. 『詩文學』薦了(문덕수, 이원섭 시인 추천)
- 1980. 3. ~ 2010. 8. 관동대학교 사범대학 국어교육과 교수, 관동대학교 신문사 주간, 교무처장(전국 교무처장협의회 부회장), 사범대학장, 교육대학원장, 대학원장, 총장 직무대행, 관동대학교 50년사 편찬위원장 역임.
- 한국시문학회, 한겨레문학회 회장, 한국현대시인협회, 한국크리스찬문학가협회, 한국현대문예비평학회 부회장, 국제펜클럽한국본부 이사 역임.

- 국제펜클럽한국본부, 한국문예비평학회, 월간 「모던포엠」, 『선으로 가는 길』 고문, 계간 「亞細亞文藝」 편집인 겸 주간, 강원문화재단 이사, 강릉MBC시청자위원회위원장, 심연수선양사업위원회위원장, 강원도민대합창 이사장, 국토해양부 및 한국문인협회 자문위원 현재.
- 시집 : 『비탈』(1968, 일문사), 『바다와 해』(시문학, 1980), 『땅에 쓴 장시』(갤러리 가이드, 1987), 『눈부신 약속』(인문당, 1990), 『생명의 나무』(종로서적, 1991), 『골고다의 새』(아티스트, 1993), 『열매 따기』(아티스트, 1994), 『다시 비탈에서』(홍익출판사, 2002), 『신의 나라는 열매를 팔지 않아』(홍익출판사, 2004), 시선집 『눈부신 약속과 골고다의 새』(2010, 아세아문예).
- 공동시집 : 『華虹詩壇』(1965-68년), 『瑞世樓의 시인들』(1980-89년), 『關東文學』(1983-2010년), 『추억속의 山 바다 우리 모두 시인들』(공저, 1991), 『마음 하나 네게 보내면』(공저, 1991), 『새 예루살렘의 노래』(1999, 열두 시인 공저)부터 『참 아름다워라 주님의 세계는』(2009)까지 간행, 『인사동 시인들』(2000~2007) 등.
- 연구서 및 문화비평서 : 『文藝思潮史』(학문사, 1981), 『金東鳴 文學研究』(학문사, 1986), 『한국현대문학사개설』(공저, 대광문화사, 1985), 『지역사회문화론』(공저, 새문사, 1989), 『신시론』(공저, 우리문학사, 1990), 『신문예사조론』(공저, 우리문학사, 1994), 『문예사조의 이론과 실제』(학문사, 1994), 『김동명의 시세계와 삶』(공저, 한남대출판사, 1994), 『아름다운 삶을 위한 지혜-365』(공저, 갤러리 가이드, 2000), 『현대시의 현상과 존재론적 해석』(영하출판사, 2001), 『민족시인 심연수의 문학과 삶』(홍익출판사, 2001), 『한국현대문학사』(새문사, 2002), 『文藝思潮論』(홍익출판사, 2002), 『삶과 문학, 그리고 箴言』(홍익출판사, 2002), 『문화인식의 현상과 이해』(새문사, 2005) 『현대시의 이론과 실제』(공저, 홍익출판사, 2006), 『沈連洙 詩文學 研究』(공저, 푸른사상사, 2006), 『문화인식의 확장

과 변형』(푸른사상사, 2007), 『문화인식의 변형과 다이돌핀』(아세아문화사, 2008), 『감성적 삶을 위한 箴言』(홍익출판사, 2009),『심연수의 시문학 탐색』(제이앤씨, 2009), 『인식의 전환과 현대시의 변주』(제이앤씨, 2009), 『시마을 글마을』(공저, 한국문인협회, 2009), 『발상의 전환과 느림의 시학』(지식과교양, 2011) 외 『강릉중앙감리교회 100년사』(2001, 역사편찬위원장), 『관동대학교 50년사』(2005, 역사편찬위원장) 외 공저 다수

- 수상 〈한국현대시협상〉, 〈후광문학상〉, 〈서포문학상〉, 〈허균문학상〉, 〈김동명문학상〉, 〈동포문학상〉, 〈흰돌문학상〉, 〈순수문학상〉, 〈강원도문화상(문학)〉, 〈강원펜문학상〉, 〈한국기독교문화상〉, 〈소월문학상〉, 〈관동문학상〉, 〈강릉예술인상〉, 1967년 문화공보부장관상, 1990년 문교부장관 표창, 1994년 국무총리 표창, 1996년 〈문학의 해〉 정부 포상 , 2010년 8월 황조근정훈장 수훈. 2011년 11월 1일 〈시의날〉 표창(한국시협 및 한국현대시협 공동) 등 다수.
- 기타
  - 詩碑 및 碑文 : 〈詩碑〉 안양예술고등학교 교정, 충남 보령시 육필공원, 강원 홍천군 물걸리, 강원 강릉시(시청 뜰), 경포대(3 · 1만세탑), 정동진(통일안보 공원), 장현동(저수지), 어명정, 〈碑文〉 초당 허균 시비, 강릉 6 · 25전쟁 민간 희생탑, 통일안보공원 월남참전기념비 외 도립공원 강릉경포호수변에 시비조각공원(1999년, 강릉예총 회장 당시 조성), 강릉시 전역 표석판(문화원 제공) 다수.
  - 교가 및 작사 : 강릉경포고등학교(함태상 곡), 강릉문성고등학교(유석원 곡), 강릉솔올중학교(유석원 곡), 동해중학교(유석원 곡), 102 여단가(유석원 곡), '여우야 여우야' (함태균 곡), '하늘의 둥근 해와' (김국진 곡), '나 홀로 잠 깨어' (김수정 곡), '눈을 감고 조용히' (이귀자 곡), 노을에 타는 정선 풍경(안정모 곡)
  - 종교 : 기독교(강릉중앙감리교회 장로)

自敍

생각의 속도와 감동의 회복

낯익은 풍경이 물안개에 잠겨 잠시 생각의 속도를 늦추노라면 사고가능성으로 하여 눈앞의 물상을 따뜻한 시선으로 응시할 수 있고, 새삼 기다림의 통로인 '느림의 시학' 으로 인하여 상처 입은 영혼을 치유(healing)할 수 있기에 내적 충만인 사유의 시간으로 더 없이 행복할 수 있다. 푸른 산자락이 붉은 색조로 채색되는 결실의 계절의 끝자락에서 잠시 분망하게 살아온 날을 뒤돌아보면 덧없이 흘려버린 강물과 같은 세월이었지만, 이름모를 낯선 항구에 조용히 닻을 내릴 시간은 이마를 섬뜩하게 한다. 나름대로의 소박한 지론은 아침식탁에서 접하는 자잘한 사유의 편린들이 따뜻한 감성으로 살아나 일상의 감동을 회복시키는 계기가 되기를 소망한다는 것이다. 비록 물음표로 사는 삶이 역사를 변화 · 발전시키지만, 주위 정황이 각박하고 힘겨울수록 느낌표로 사는 지혜를 내 자신 겸허하게 절감할 때, 평생을 향리의 산자락에서 몸담고 살아온 내 삶의 시간대에 있어 지난 2월 18일, 백 년만의 폭설이 쏟아진 참으로 어려운 기상 조건에서도 〈강릉빙상경기장〉에서 '2018평창동계올림픽' 유치를 위하여 지극히 우직한 2,018명의 강원도민들이 종교와 세대, 성별을 초월해 'I have a dream' 과 민족의 정한이 담긴 '아리랑' 을 눈물 속에서 열창하여 IOC실사단과 국내외에 신선한 충격을 안겨준 그 감동을 결코 잊을 수는 없다.

지난 10월 초순 주말의 오후, 뜻밖에 전화를 받고 서울에서 차를 돌려 강원도 인제를 거쳐 강릉 해변의 커피숍에서 만난 월간 「모던포엠」의 전형철 발행인으로부터 '제2회 박인환詩문학상'의 수상자로 선정된 전말을 축하의 인사와 함께 전해 듣게 되었다. 민족사의 격랑기에 다양한 예술의 장르를 넘나들며 문화의 전사로 강한 일면과 전문가적 높은 식견을 지닌 예리한 문화비평가로서 한 시대를 풍미하다 박인환(1926. 8. 15-1956. 3. 20) 시인은 꽃다운 나이에 삶을 마감하였다. 그는 고매한 품격의 소유자로 우리 문학사의 진지하고도 견고한 모더니스트였다. 나름대로 문화의 세기에 몸담으며 몇 권의 문화비평서와 한국현대문학사를 출간해온 필자의 경우, 사적으로 1999년에 아름다운 강릉의 경포호반에 강원도 작고문인들의 시비(조각)공원을 조성하면서 박인환 시인의 시비 〈세월이 가면〉과 그의 시적 형상화를 응축한 조각 작품을 별도로 설치 그와의 작은 인연을 맺었지만, 놀랍게도 이렇게 연이 잇닿아져 수상집을 묶어놓는 계기가 되었다.

오랜 날 민족의 혼이며 역사인 모국어가 위협을 받는 현상에서 언어공해의 심각성과 '느림의 시학' 을 삶의 잠언으로 대변하며 그 소중함을 부단히 일깨워 왔다. 가끔은 사고가능성을 통하여 언어에 대한 분별력을 기대하며 "시인을 아프게 하는 병든 사회의 불행"을 세계고의 교시로 경고하며 나 자신은 가슴앓이를 하여 왔다. 소중한 삶의 일상에서 감동을 회복하는 행위는 비정한 우리의 사회에서 좋은 인간관계를 유지하는 인자(因子)가 되기에, 거듭 태어나고 변할 수 있음은 눈물겹게도 감사할 일이라고 자처하였다. 까닭에 소외된 이웃의 상처 받은 영혼을 맑게 치유하는 감미로운 감성을 통해 삶의 활력이 넘치는 생산적인 이미(Golden Brain)가 되는 다이돌핀을 무리 없이 쏟아내는 일에 열중하였다.

소포클레스의 "그대가 헛되이 보낸 오늘은, 어제 죽어간 이들이 그토록 살고 싶어하던 내일이다."라는 경계는 우리의 자존감을 확인하는 계기가 되기에, 시대를 앞서 숨져간 이들이 그토록 절박한 심정으로 "하루만 더 살았으면..." 하던 그 시간의 끝자락에서 "왜, 최선을 다하지 않았는가?"라는 물음 앞에 자신을 놓아보면 가슴이 못내 저려온다. 아울러 부족한 필자에게 운명적으로 버팀목이 되어준 학문과 예술, 신앙적으로 존경하는 스승을 통해 문인으로서 자긍심을 일깨워 왔을 뿐더러, 소중한 만남에 의한 분신 같은 참 좋은 제자들을 통해 힘겨운 삶의 처소에서 살아온 날을 겸허하게 되돌아볼 수 있었음에 그저 감사할 밖에 없다.

모쪼록 언어에 대한 배려 없이 금속성이며 파괴적이고 동물적인 언어를 자정 없이 쏟아내는 무모함은 마땅히 경계할 일이지만, 식물성인 생명적인 언어사용에 주의 집중한 시인의 길을 걸을 수 있었다는 그 실상이 하나님으로부터 허락받은 축복이라고 생각하면 눈물겨울 뿐이다. 과거는 역사이고, 현재는 선물이며, 미래는 꿈이기에 절망의 끝이 보이지 않는 시간대에서도 패배주의에 발목이 잡혀 매사를 부정하지 아니하고, 지금껏 믿고 도움을 베푼 분들에 대한 소박한 애정의 보답으로 물질적인 것보다 생명적인 것을 추구하기 위해 뜨거운 가슴과 긍정적 사고로 실천궁행할 것을 다짐한다. 세상을 보다 밝고, 깨끗하고, 아름답게 조성하는 소중한 심사위원들께 주님의 크신 은총이 함께 하기를 간절히 기도한다.

2011. 10. 31.

청송 숲에서 엄창섭 識

| 차례 |

제2부 | 응시, 투시도법의 조망

제1부

정신풍경, 아득하여라

삶의 敎示

아프리카 초원의 여명에
가젤은 잠에서 눈을 뜬다.
정글의 사자보다 더 빠르게
달리지 못하면 먹힌다는 것 예감하고
역풍 가르며 본능적으로 질주한다.

새벽의 푸른빛 일어서는 밀림에서
맹수의 제왕 사자가 깨어난다.
가젤보다 힘차게 역주하지 않으면
허기로 죽는 까닭 알고 있기에
온 힘을 다해 해 뜨는 초원에서
가젤 앞지르는 야성 발동한다.

그대 또한 가젤이든, 사자이든
아침 해가 뜨기 전, 삶의 처소에서
열중의 일념으로 목숨을 걸고
역풍 속에서도 질주의 끈을
삶의 업보라 늦출 수 없다.

은총의 축복과 춤사위
-뜨거운 포옹과 더반의 함성

숨죽이는 긴장 뒤 신선한 충격이다.
상처 깊은 영혼을 치유하시는
저토록 크신 이의 위대한 손은
처절하게 부서지고 깨어진 어제의
그 서러운 슬픔 정녕, 외면 않으시고
평화의 향연을 위한 민족의 자존감
지구촌에 일깨우는 축복을 허락하네.

마침내 하나 된 뜻과 충직한 집념은
태극의 물결로 더반의 하늘 감동시키어
'예스, 평창' 의 함성을 승리의 역사로
푸른 목숨의 눈물마저 빛나게 한다.
놀라워라. 분단의 처절함과 패배의 비통
그날의 암울함마저 말끔 씻겨내고
순백의 비둘기 하늘 끝 쏘아 올리네.

뭉클, 가슴 저려오는 감동 뒤
하늘 허락한 이 황홀한 은총에
2018평창동계올림픽의 오륜기는
민족의 신념 지켜갈 불멸의 표징으로
온 땅 철철 넘쳐나는 환호성이다.
감격의 포옹과 굳게 잡은 손의 전율
어우러진 남아공 현지인의 농악 장단에
아흐, 강원인의 어깨춤은 만 만세다.

-2011. 7. 6. 더반에서

하늘 끝 펄럭여라, 오륜기

민족의 웅혼한 천년의 기상이
홍단심 꽃무덤에 은밀히 숨어
혼탁한 의식 맑게 씻어주는데
뻗어 내린 백두대간의 물안개 속
태고의 신비 머금은 의연한 함묵은
너무 순수해 언어를 잃는다.

천리 거스르지 아니하고
항시 해와 달 우러러 순응하는
강원인의 순박함은 하나의 신앙
온갖 역경과 도전으로 힘겹게
깨어지고 부서지며 피워내는
꺾임 모르는 네 강한 의지 응시하면
너무 외경스러워 뜨거운 눈물,
투명한 햇살에 하늘 깨끗한데
하나 된 강원인의 억센 집념 놀랍고
축복의 땅은 순은으로 가득하다.

정녕, 최후에 빛날 강원인의 어울림에
암울한 좌절은 잘리고 찢겨나고
맹금의 제왕 독수리의 힘찬 나래 짓
역사의 숨결로 평창의 하늘 끝 차오를
동계올림픽 축제, 오륜의 깃발이여
하늘 허락한 이 황홀한 은총은
민족의 자존 지켜갈 불멸의 혼불
아흐, 오늘 이 땅 넘쳐나는 만 만세다.

노을과 바람

노을 붉게 타는 산자락 멀리
촌가의 굴뚝에선 하얀 연기 폴폴
송아지 울음에 눈물 절로 어리는
가슴 뭉클한 유년의 토담집,
노모의 음계 서툰
서러운 날의 '정선 아라리'

푸른 달빛에 취한 강물에
산목련 꽃잎 수줍어 하롱하롱,
갈 숲 잘~잘 흔드는
얼굴 없는 천년 바람의
아흐, 저 곱고도 긴 머릿결.

바람 잉잉 대는 댓잎소리 느꺼운데
거대한 강줄기의 울음도
바람 끊긴 산사의 적요도 하나 같이
월광에 젖어 방울방울 눈물겹다.

오호! 현충일의 눈부신 약속

웅혼한 배달의 푸른 천년 기상에
봄햇살로 깨어난 아침 마냥 청명하다.
국권의 회복을 위해 순국한 선열과
진정 이 땅의 자유수호를 위해 전몰한
고귀한 넋의 숭고한 충절을 추모하며
정녕, 기린 뜻은 엄숙하여 눈물겹다.

홍단심 꽃무덤에 내밀히 숨겨둔
그날의 암울한 전의식의 편린,
온통 산자락 푸름에 촉촉이 젖는 시간
민족의 풍습이 실로 정겹고 아름다운
사초와 성묘의 망종일이다.

전화의 상흔 자리한 태백의 산자락
황혼 속 비목에 묻어 있는 어린 병사의
선혈은, 아직도 선명해 눈물겨운데
피어난 작은 풀꽃 더없이 애잔하고
어제의 비통함은 뜨거운 눈물의 강이다.
온갖 역경과 도전으로 힘겹게
깨어지고 부서지며 또 피워내는
꺾임 거부한 네 강한 의지 응시하면
너무 외경스러워 한 반은 묵언이다.

정녕, 최후에 빛날 민족의 소망에
처절한 다툼은 잘리고 찢겨나고
맹금의 제왕 독수리의 힘찬 나래 짓에
민족의 자존 지켜갈 불멸의 혼불은
날(刃) 푸른 천년의 그 바람 앞에서
아흐, 현충일의 눈부신 언약,
가슴 저려오는 통한의 밤 끝내 밝히던
어제의 시련과 좌절 깔끔이 털어내어
참담한 분단의 물길, 통일로의 변전이네.

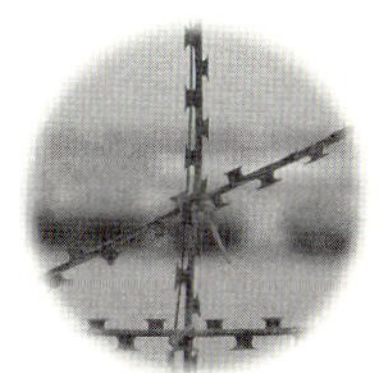

감성, 그 푸른 생명의 공간
-강원 물길, 아름다운 서정

오늘도 한반도의 암울한 현상과
날(刃) 푸른 파도 찢으며 가르며
불끈 붉은 동해의 태양은 치솟고,
도도하게 뻗어 내린 북한강 줄기
장엄한 백두의 대간을 가로지른다.

아직은 눈물겹게 피멍든 손으로
저토록 자유의 깃폭 움켜잡고
열린 세계 향해 도전을 반복하며
생명외경의 네 힘겨운 작업으로 하여
새로운 생태공간으로 변형된 이 땅은
더 이상 은자의 처소일 수 없다.

'바람이 들려주는 행복한 언어' 는
세기의 격랑 헤쳐 온 우직한 뚝심
순박한 강원인의 역동적 힘이다.
태백의 층층 계곡과 산자락 휘도는
북한강 · 섬강 · 평창강의 푸른 물길
민족의 심장 맥맥이 흐르는 피,
물아일체, 조화로운 공간 조성은
우리가 하나 되는 인연의 형상이다.

서슬 푸른 천년의 바람 앞에서
분단의 통한으로 밤을 밝히던
어제의 고뇌, 눈물로 씻어내고
얼시구 끌어안고 더덩실 춤을 추는
정녕 신명난 한 마당의 축제.

맑은 영혼 정화할 깨끗한 물결로
허리 잘린 통일도 앞당겨야 하느니,
신이여, 눈부신 약속의 땅 강원도와
선한 나의 혈족을 축복하시어
삶의 터전 지혜롭게 가꾸게 하소서.

천년의 바람과 눈부신 언약
–개교 50주년을 축하하며

동해 그 붉은 햇덩이 응시하며
'용강동 → 노암동 → 초당' 의 교정을
힘겹게 오가던 아득한 반세기
무너짐이나 꺾임 거부한 끈기로
그렇게 새 역사의 문을 활짝 열던
유년의 푸른 초상 기억하는가.

신비한 물안개에 촉촉이 젖은 대관령
장엄한 태백의 등줄기 가로지르는
강철의 화살보다 강한 칼바람에
증오와 비열함의 깃폭은 잘려나가고
끈끈한 우정에 빛나는 약속을 다짐하는
여린 풀꽃도 눈물에 젖어 감동이다.

큰 얼굴, 모교의 이름 앞에
겨울 그 살 저미는 고뇌 이겨내며
콘사이스 넘기던 네 눈물겨운 열중
신앙처럼 오직 '제일' 이라는 학풍,
의연하게 갈고 지켜온 그대의 인고에
도전하던 모진 세월의 격랑도
가슴 속 차오르는 혼불에 말끔 씻겨나
우울한 하늘마저 더없이 청명하다.

'성실 · 창조 · 조화' 목숨처럼 지켜내며
푸른 집념 하나 가슴에 묻어놓은
불굴의 자긍심과 그 강열한 투혼에
자유공간 줄기차게 날아오르는 순수,
항시 내적 충만의 분별력을 지니되
더 큰 진리와 따뜻한 감성을 추구하던
네 자존감은 가슴 떨리는 전율이다.

영혼의 닻줄 움켜잡다 피멍든 손,
세기의 지평을 여는 저력이나니
겨레의 밝은 꿈 징표로 영원할
강릉고등학교에 신이여, 축복하소서.

꽃의 말
–강릉과 여인

물보라 꽃눈처럼
하얗게 튀는 草堂里의 솔숲엔
이슬 머금은 난,
청초한 여인들이 모여 사네.

눈부신 백목련 꽃잎으로
학처럼 海鳥처럼
숨차게 나래쳐 와
경포호수 위로 쏟아지는 금빛

장엄한 대관령과 푸른 동해는
서로의 가슴 활짝 열어
신선한 꽃 빛살 날리는데
새로이 비상하는 어린 새들과

생명의 작업 지켜보면
그토록 꽃 한 송이 피우려고
고뇌의 가슴 앓던
楚姬의 슬픈 눈망울

잠시 피었다 져버리는
세월의 덧없음이나
閨怨歌에 맺힌 한 어이하나.

가녀린 햇살 잡고
참빗으로 긴 머리 다독이다가
수줍음에 볼 붉히던
꽃댕기 나의 누이,
너는 묻혀 사는 여인들의
가얏고 고운 선율을 기억하니.

溟洲歌, 그 꽃처럼 청순한
아가씨의 눈물겨운 사랑얘기와
靑苔 묻은 바위로 남은
紅粧의 꽃물 진 살결

寒松寺 옛 그림자
이 깊은 밤 네 눈동자에서
별이 되어 탄생하거든,
지조 높은 師任堂의 화폭에
살아 맥맥한 섬세한 교치는
강릉대도호의 자랑이거니.

산까치야, 산까치야.
나래 찢기어 목숨의 불 다 타버려도
노래하는 예쁜 새로
또다시 살아나라.

金剛山 그 靈山 오르며
시를 뿌리며
생애 불태운 錦園이여
그대 竹西와 함께
감상적 시문 남긴 산하엔
바람엔 밀린 구름 떼가
고향 뒷산의 목화송이처럼
저리도 곱게 피어나네.

밤이슬에 촉촉이 젖은
사랑하는 여인의 칠흑 머릿단엔
싱싱한 풀내음.

獵國의 숨결 잠 깨우는
예감의 새야
항시 끓는 열정을
예지로 다스려 꽃 피우며
아침의 강물처럼 맑고 밝게
저리도 살아 움직이는 신뢰와
희생의 손을 보니.

삶의 잠식과 파상

깊이 모를 정적, 손 없는 바람이
저토록 창틀을 흔드는 현상
인간은 자기의 잔상을 남기되
풀꽃 향 체취로 풍겨야 하느니,

살아있음의 생동감 입증하듯
처절하게 온몸 와락 해변에 던지는
푸른 목숨의 파도 자락.

비록 인류의 역사에 각인될
거대한 파상 아니어도
정녕 신선한 감동의 회복을 위해
한 순간 모멸, 수치 앞에서도
꺼이꺼이 울분 삼켜내며
눈부신 자존감 올곧게 세워
감히 신 앞에 강청하리라.

아직도 분단의 통한에 가슴 앓는
지순한 겨레에게 역풍 가로질러
하늘 끝 훨훨 비상할 맹금의 제왕,
독수리의 강한 날개 허락하소서.

삼봉도, 그 독섬에

오늘도 동해바다의 끝 섬은
날(刃) 푸른 파도에 억겁을 뒤척이며
말끔 씻겨 또렷한 형상이다.
점점이 산재한 물개바위, 가제바위
암초와 수십여 개의 바위와 화산섬은
이라크 전쟁 중 포탄의 잔해보다
삼봉도 그 독섬에 뿔뿔이 돋아있네.

목쉰 천년의 바람 긴 머리 풀어
우~우 종파 빗기 차고 지껄이는데
노랑지빠귀 파닥이는 쪽빛의 공간에
금속의 살촉보다 빠르고 높게
대양도 세월의 격랑에 떠밀리고.

겨울, 그 외투의 육중한 무게도
한 때나마 황홀한 꿈일 수 있는
깃털 가벼운 갈매기의 비행을 위해
도란도란 암초와 암도 사이 휘도는
투명한 잔물결에 허물을 벗는
저 무한의 빛깔, 자연의 신비.

천형처럼 찢긴 깃폭 움켜잡고
아직도 울분에 젖어 토해내는
참담한 운명의 절규, '독도는 우리 땅'
가슴에 비수처럼 꽂히는 아픔을 딛고
다시 깨어날 민족의 부활을 위해
눈물 넘쳐나는 네 순수의 열망,
명아주과 비름꽃의 청초한 이슬
정금의 햇살에 훈장처럼 눈부시다.

다툼이 잘리고 막힘이 무너져 내린
통일된 조국의 그 땅에 거는
자유와 화평에의 절절한 기대,
혈맥이 분수처럼 열리어 환희로 춤출
환상 같은 때가 오늘이고 현재라면
정녕 괭이갈매기의 감청색 깃털에
나풀나풀 숨 막혀 죽어도 좋겠네.

죽 도

천상의 질긴 인연 발끝에 닿아
이마를 마주한 층층의 기암괴석,
가파른 해안 죽도의 돌길 타고 오르면
일순, 長竹의 세세한 갈잎소리
탈진한 풀잎 생기를 살려내는
민족의 애환 머금은 38선, 그 地境
동해의 날 푸른 아침햇살에 눈부시고

화살보다 빠르고 강하게 빗기 차는
아흐, 경쾌한 질주 뒤의 波紋
양양군 현남 인구리 동해의 끝자락,
관음전을 향해 치달아 오르고
억겁의 세월, 깎이며 잘린 돌섬의
붉은 가시딸기의 생명은 강인하다.

최후의 빛날 내밀한 언약을 위한
碇泊을 모르는 일상의 항해는
잠든 영혼 일깨우는 깃발로 펄럭이고
동해의 '감추사', 간월도 '간월암' 보다
미래의 땅, 강원인의 숨결 맥맥한
해발 50m 나지막한 높낮이일지라도
육지와 이어진 해송과 대숲에 쌓인
섬의 동남쪽 휴휴암은 코앞이다.

은설 묻어나는 월광의 교교함
포효하는 거대한 종파의 격동은
충일한 생명감, 지난한 몸짓인데
하늘 끝 비상하는 물수리의 나래 짓은
문명을 거부한 자연의 이법에 이끌려
율동을 정지한 돛대 끝의 기폭마저
해풍의 긴 머릿결에 잘게 찢기어
날치처럼 반짝이는 청비늘 털어낸다.

※ 竹島는 강원도 양양군 현남면 인구리 동해와 인접한 작은 섬.

新關東別曲

-(孤舟 解纜 히야 亭子 우ᄒᆞ 올나가니 江門橋 너믄 겨틔 大洋이 거긔로다 ...紅粧古事를 헌ᄉᆞ타 ᄒᆞ리로다.'<관동별곡>에서)

가슴 탁 젖혀 놓고
칼 같은 바람의 계절도
蜀道 토해내는 풀꽃도
침묵으로 다스리는
태백의 산정
再肯定할 수 없는
현실의 속된 烈火,

가맛골 타고 나린
淸冷에 씻나니
보현사 푸른 범종 소리
그 선문답의 의미는
이별 뒤에 남는 눈물로
번뇌의 침상에서 스멀거린다.

'節孝頂門 펼쳐진 江陵大都護
이웃이 모여 사는 풍속 좋아라.'
회산벌 풀잎을 비비작 거리고
금산리, 내곡 숲에 볼 부비며
따사한 숨결로 돋아나는
유년의 남대천.

익는 햇발 등에 진 草堂里
솔향 피우며 타는 연기사
예국의 숨결 실어 나르는
환각의 새, 풍경 한 장

떠나는 뱃전에서 미끄러지듯
江門橋 위로 빗겨 나르는
백구의 섬세한 눈물은
밤마다 승천하여 탄생하는
지고한 목숨의 별

烏竹軒 댓잎 위의
淸淨한 이슬
낮이면 경포호의 파문으로 변신하고
紅粧이여, 꽃물 진 그대 살결
바위로 남았나니
눈 먼 우린 무엇이 될까.

피곤한 일상에서 눈 뜬 東海
현요한 조율로
생명의 문을 열면
펄떡이며 육지를
거대하게 포옹하는 파도
높은 위치로 지향한 눈
그리고 명백한 생의 예지.

풍 경

홍장의 꽃물 진 살결
실안개에 촉촉이 젖고
수초 물살에 흔들리다.

윤사월 君子湖는
깊은 잠에서 깨어나고
펄쩍 튀는 동해는
물보라에 젖은 강릉아낙의
윤기나는 머리카락 말아 올린다.

靑魚 낚아 올린 맑은 호수는
아침 식탁에서
원시의 바람으로 살아나고,
손금처럼 명백한
경포호의 수면은
하얗게 돋아나는 부새우로
일순 눈부신 황홀이다.

草堂里 솔숲 위
고향 뒷산의 목화송이처럼
곱게 피어오르는 구름
바람에 새가 된다.

許筠

혼돈의 와중에서
불행한 삶을 살다간
이 땅의 자유인 蛟山
그는 풀잎에 머물지 않는
푸른 바람이다.

평생 시문을 써도
마음 수고롭고 후회되어
가슴 저려오는 아픔
항시 깨어 있는 의식으로
울분에 젖어 통곡하던 이

시대의 반항아로 일어서며
천부적 예술인으로
어지럽게 족적 남긴
기인적인 한 생애
너무 처절해 할 말이 없다.

암울한 역사의 강물을
거슬리던 고독한 작가정신
몸 사르던 예술의 투혼
바람 속에 살아나 푸르다.

눈을 떠보면

천년, 그 혹한 바람에
살갗이 찢겨
순액을 흘리며
항시 오만한 자태로
대지에 깊이 뿌리내리고,
천국을 향해
두 손 모은 청송.

꽃빛살 눈부신 아침 해가
심금 퉁겨주는
무한한 선율은
젊은 자의 눈동자에
정금의 순으로 돋아나는데,
쟁쟁한 銅鑼 소리에 피어오르는
사랑과 낭만이
뜨겁게 불타는 지성의 향연.

청어의 싯퍼런 등비늘에
쏟아지는 햇살처럼
열린 우주로 뻗어나는 축일의 노래,
그 많은 불안으로 떨던
의식의 동혈 속에서도
인고의 피땀 철철 쏟으며
항시 끓는 열정을
예지로 다스리는 목숨.

하늘 끝 치달아 오르는
높은 이상과 더 큰 자유를 위해
곧은 정의와 더 깊은 진리를 위해
높은 위치로 향지한 눈을 떠

항시 자애로운 눈빛으로
두 팔 벌려 조용히 나를
안고 계신 팔, 크고 위대한
어머니의 얼굴을 보아라.

영원한 모성과 예감의 새

달빛 청아한 하슬라의 북평촌에 나시어
맑은 품성과 섬세한 예술적 미감으로
安堅에 버금가는 채색화 빚어 놓은
풀벌레와 꽃그림의 〈草蟲圖〉, 〈山水圖〉,
〈蘆雁圖〉가 살아 숨 쉬는 천년의 詩鄕,
사임당교육원의 솔숲은 낙조의 적요에 잠기다.

백두의 낮은 산자락 비행하는 예감의 새는
인고의 연륜 속에서도 예민한 감성으로
천재성 번뜩이는 〈踰大關嶺望親庭〉과
〈思親〉의 시문에서 맑은 음조로 탄주되고
묵언의 큰 교시教示는 침상에서도
환희의 춤과 생명감으로 출렁인다.

영원한 이 땅의 모성상 정립한 집념,
馬蹄蠶蹄의 체법 올곧게 다듬어
마흔 여덟의 삶 마감하신 치열한 정신작업은
꺾임을 거부한 5백년 역사의 와중에서도
날(刃) 푸른 불멸의 초상으로 살아 있다.

항시 타인에게 베풂의 삶 일깨우신
당신의 높은 얼과 덕성 면면히 이어져
꿈을 실현하는 슬기로운 사람 되리니,

밝은 미래의 가치 다듬어 가는
충효예지신의 빛난 그날의 지조,
천년 바람 앞에서 영혼의 닻줄 당기던
부르튼 당신의 두 손은 아직 뜨겁다.

오늘도 생명의 풀꽃 폴폴 피우려고
저토록 살갗 찢긴 고뇌 가슴에 묻고
땀에 젖던 당신의 두 눈은 예지로 번뜩였지.
소아적인 편 가름과 애증 거부하고
민족의 어머니로 이 땅의 미래 걱정하던
선하고 어진 당신의 투명한 예술 혼은,
둥둥, 어둠의 휘장 찢는 동해의 태양처럼
우리네 삶의 빛나는 자긍심, 자랑이어라.

銳智

지조 높은 난설헌의 시혼이
초당의 날푸른 솔잎과
도도한 야성의 파도로 안겨와
섬광을 번뜩이며
세기의 예지 꽃피우나니

항시 어둠 밝히는 동해
그 불멸의 빛으로 탄생해
암울한 시대의 와중에서
자유인으로 절규하던
교산의 詩魂을 깨우는데,
새 역사의 문을 여는
밝은 미래의 투혼
애씀의 땀방울 눈물겨워라.

오오, 예지의 눈빛 푸른
그대 자랑스런 예국의 후예
오늘도 뼈 속으로 파고드는
살 에는 바람 감내하며
은혜의 말씀에 귀 기울이는
패기와 열중, 그리고
자유공간을 향해 비상하는
도전의 나래 짓
고뇌 찢는 놀라움이다.

경포대 描素

새순 돋아나는 생명의 계절에
푸른 것이 어이 하늘이며
투명한 호수의 물빛일 수 있는가.

정한의 눈물 묻은 꽃잎
한 올 바람에 어지러이 흩어지는데
고색창연한 경포대의 影子
수초 흔들리는 물속에 잠기고

하늘은 온통 노을에 젖는데
처절한 목숨의 바다 위로
하얗게 비상하는 갈매기

저토록 松江이 꽃 피운
관동별곡의 싯구마다
피어오르는 草堂의 저녁연기는
어린 날의 기억 흔적에
한 폭의 풍경화로 남고

오늘도 불 밝힌 황금의 램프에
눈부시게 살아나는 네 밝은 미소
가슴 저려오는 꽃나비의 나래 짓
아직은 전율 같은 황홀
너무 고와 눈물겹다.

고 향

푸른 빗물에 말끔 씻긴
초여름 고향의 산자락은
일상의 감동을 회복시키고
아버지 조용히 숨져 누운
고향 뒷산의 푸른 잔디는
눈부신 햇살을 퉁겨낸다.

한낮 비가 끝인 뒤,
황홀한 채색의 무지개는
빈 공간에 걸려 있고
오수에 취해 한낮을 울어주는
쑥새의 음조도 어눌하다.

강물처럼 덧없이 흘려보낸
절절한 그리움에 가슴 저리고
습관처럼 前意識의 바람꽃에
물안개에 촉촉이 젖은 산자락은
기억 끝의 흔적처럼 아득해
깨끗한 눈물 묻어나네.

수초 우거진 호수에서
엉덩이를 뒤뚱거리다가
한가로이 잠수를 반복하는
정교한 색조의 候鳥,
새아씨 두 볼의 부끄럼 같은
서녘 노을도 따라와 잠긴다.

날푸른 파도의 칼끝에
젊은 날의 까닭모를
격정은 치열한 전장의
깃발처럼 찢기어 펄럭이고

혈흔 같은 해당화 꽃잎이
주검처럼 너즈러진 백사장
종일 젊은 날의 연서처럼
허망한 바람뿐이다.

경포 달맞이

第一江山 臺에 올라
낙조 날려 보낸 애잔함에 쌓여
끈끈한 눈물로 맞는
望月은 교교함 속에서
신선한 충격을 자아내고

草堂 솔숲 위로
불끈 치솟는 쟁반 같은
형상의 붉은 덩어리
물결 찰랑이는 호면에
일순 달기둥(月柱) 선명하다.

홍장의 동공에 어린
정한이나 교태 아니어도
술잔에 갈앉는
투명한 님의 미소
심장의 피는 뜨겁다.

魚火는 격랑에 부서지는데
바람에 밀리는 구름
이지러진 저 달은
항상 환한 자태로
한날의 고뇌 접어두고
수줍은 듯 조용히 살라고 하네.

고향 풍경과 情恨

한송사 그 신비의 범종 소리에
오대산 허리 감은
천년의 물안개 잘게 흩어지고
한겨울 풀어 내린 달빛에 움츠리던
산과 나무가 현현하다.

봄 고운 진달래 꽃잎에
영롱한 이슬 돋아나는
신선한 경포의 아침은
충만한 생명감 안겨준다.

봄눈 녹아내린 경포호반은
투명한 선율에 깨어나고
역겨움 모르는 草堂의 하늘가엔
산구름 하얗게 바람에 새가 된다.

화살보다 멀리 더 높게
자유공간을 향해 나르는
새떼들의 반짝이는 비상,
가슴을 여는 동해의 모랫벌에
죽어도 다시 사는 기쁨 있어
하늘은 더 없이 깨끗하다.

청송 가장이의 햇살이
금빛 비늘 털어내는 목숨의 시간.
이 땅에 두고 갈 슬픔도
풀꽃으로 피워 줄 열려 있는
유년의 꿈 자리한 고향엔
하늘의 큰 축복이 있네.

대관령 옛길. 1

촉촉이 젖은 물안개 밀어낸
원시의 바람에
일순 영혼은 정화되고
층층나무 가장이로
쏟아지는 눈부신 햇살
너무 황홀한 충격 끝에
현기증을 안겨준다.

계곡을 타고 나린 맑은 물에
부끄러운 속살 드러내는 바위,
세월과 길손의
발끝에 채여 떨어지는
풀꽃의 이슬하며
바람결에 묻혀 오는
이름 모를 산새의 울음.

꿈틀거리는 세상의 고뇌도
지난날의 애환 잠재워
하늘의 평온 허락한다.

애증과 역겨움을
그리움으로 다스리며
빛과 소리 자리한
산자락을 오르면
발에 밟혀도 일어서는
풀들의 모진 목숨,

어제의 우울한 회한도
오늘의 피곤한 삶도
그저 한갓 허망한 흐름이네.

대관령 옛길. 2

청송의 기상 항시 널려 있는
만추의 능선에서
키 큰 천년의 바람과 만난다.

층암 계곡의 맑은 물로
태고의 신비 안겨주는 이 길은
우리네 조상들의 나눔에서 오는
가슴 절절한 회한이 서린 곳

인고의 오랜 세월,
풀꽃 적셔온 산골짝 여울은
속살 씻긴 결 고운 바위에서
투명한 선율로 깨어나고

정취어린 이 길은
오가던 그날의 시인묵객이
온갖 감회에 젖어
하늘 피 번진 노을 같은 눈물
곱게 흘리던 道程이다.

다정한 이웃의 숨결이
나뭇잎 흔드는 천년의 바람,
조잘거리는 산새의 울음도
오늘도 동해의 늘 푸름으로
저토록 살아 숨 쉬는 길.

태백산 朱木 앞에서

청산의 물안개 속에서
태고의 신비를 머금고도
대지에 깊이 뿌리 내린
네 의연한 함묵
너무 순수해 언어를 잃는다.

처절한 인고의 물발에 밀리어도
천리 거슬리지 아니 하고
항시 해와 달 우러러 순응하는
네 형상은 하나의 신앙이다.

분노하거나 변명 없어도
수만의 귀(耳) 열어 놓고
저토록 살 저미는 바람 앞에서
영혼의 닻줄 당기며
살아 천년 죽어 천년

그 자리 숙명처럼 숨죽이며
입 열어 말하지 아니 해도
실체를 통해 顯現하는
잇닿은 미래의 깊은 뜻
실로 아름다워 눈물겹다.

風景 한 장

눈꽃 피워내는 계절도
쥐발귀* 토해내는 풀꽃도
항시 침묵으로 다스리는
태백의 山淸은 신비롭다
가맛골 타고 나린 투명한 물에 잠긴
산 그림자는 너무 곱고,
보현사 푸른 범종 소리에
새삼 인고의 아픔 와락 살아나
이웃이 모여 사는 풍속 좋아라.

회산벌 넘나드는 세기의 바람
금산리의 솔숲 수줍은 듯 볼 부비며
따사한 숨결로 돋아나는 南大川
타는 햇살 등에 진 草堂의
솔 향내 피우며 타는 연기는
오늘도 예국의 숨결 실어 나르는
환각의 새, 풍경 한 장.

떠나는 뱃전에서 미끄러지듯
江門橋 위로 빗겨 나르는
나래 흰 갈매기의 섬섬한 눈물
변형의 공간을 날아올라
우리의 영혼에 눈부신 별로 탄생하고,
烏竹軒 댓잎마다 또르르 구르는
청정한 이슬에 살포시 나려 앉는
황금의 햇살은 자유롭다.

수초 흔들리는 경포호는
장엄한 일몰로
일순 황홀함 안겨 주는데,
紅粧의 꽃물진 살결
바위로 남았나니
눈먼 우리 용해되어 무엇이 될까.

피곤한 일상에서 눈 뜬 東海
불끈 솟아 오른 햇덩이는
생명의 문을 열고
펄떡이는 시퍼런 파도는
처절한 몸짓으로 비늘 떨어낸다.

물안개 걷힌 축복의 땅 江陵이
원시의 깊은 잠에서 깨어나는 논리로
높은 위치로 지향한 눈
그리고 명백한 생의 예지마저
거대한 문명의 이기로 상처 입어
신음하는 안쓰러움 어이 할거나.

※취발귀-노랑눈썹솔개

寒松亭

한 폭의 비경 같은 갈비봉은
안개 속에서 점점이 살아나고
한 올의 바람이 머문 자리,
갈까마귀 울음 구슬프다.

四仙이 노닐던
신라 천년의 땅에
일몰의 시간은 오고
한송정 비치던 월광은
물결 위에 더 푸르러
마음의 병은 깊어 가는가.

동해로 열린 江門
바다는 끝없고
푸른 솔 누운 흰 모래밭에
물새의 발자국 선명한데
해당화 지는 꽃잎처럼
인생은 덧없어 눈물겨워라.

경포호 물결 잘게 흔들릴 때,
간간히 환청 같은
해조음은 밀려오고
끼룩끼룩 백구의 구슬픈 울음에
천상의 맑은 大笒 散調는
한날의 고뇌 씻어준다.

여인의 손끝에서 튕겨지는
가야금 선율에 달빛 푸르고
신라의 그 한송정곡은
연인의 깊은 눈동자 속에서
반짝이는 별로 변형하거늘,
살아 맥맥한 예술혼은
천년 예향의 자랑이거니.

조선조 歌辭의 일인자 松江이
자연이 빼어난 關東의 땅에
시의 종자를 뿌리며,
사선의 환청에 홀연히 취해
한 생애 활활 불태우던 神仙

감상적 시문 걸린 누대엔
산자락에 걸린 구름 떼가
아직도 곱게 피어 있어
별빛 묻은 꿈처럼 감미롭네.

烏竹軒

솔 눈을 틔워내는 보현사 범종 소리에
예국의 숨결 자리한 하슬라의 땅
부챗살로 뻗어나는 日出의 날갯짓에
찬란한 새아침의 문은 열리고

충격을 안겨주는 현상 앞에서
오랜 날의 형상 버티고 선 몽룡실에
세기의 바람 잘게 부서진다.
사랑하는 아들아,
항상 가슴에 담아 기억해야 하느니.

충절 드높인 梅月堂의 지조와
문향 강릉 그토록 사랑했던
이 땅의 모성 사임당의 눈물,
栗谷의 역사에 대한 안목과 예지

또르르 오죽 잎새의 햇살이
금빛 비늘 떨어내는 목숨의 시간,
이 땅에 두고 가야할 슬픔
풀꽃으로 피워 줄
오죽헌 뜨락엔 섬섬한 당신의 음성.

열린 공간을 향해 비상하는
새들의 나래 짓 반짝일 때
다시금 살아나는 인고의 아픔
어진 조상이 하나였기에
이웃이 모여 사는 풍속 좋아라.

나무의 노래

홍엽에 불타는 만추의 계절에
가을 속으로 가는 버스의 차창 밖
풍물은 물안개 속에서 점멸되고

청송 숲에 부는 바람의 깃털에
엇박자로 가끔은 흔들리는 음조
조금씩 흔들리면서 누구에겐가
버팀목이 되고 싶던 깨끗한 소망,
깊어가는 얼굴의 그늘 눈물겨워라.

살 저미는 목숨의 바람과
미감의 강물에 저리도 말끔 씻긴
내면의식은 금화처럼 짤랑이고,

삶의 의미 변명하던 相生의 뜻은
자애로운 모정처럼 너무 선명하다
세월의 강 언덕에 피는 꽃은
바람의 머릿결에 미끄러지며
일순, 순백의 나비 떼 날게 하고

저리도 닫힌 소통의 문 활짝 열면
잡은 손과 어제의 緣 아직은 뜨거운데
갈등과 번뇌로 깨어지고 찢겨도
만선의 출어 꿈꾸던 행복한 항해는
결코 망설이거나 포기할 수 없다.

허물 벗는 생업을 반복하고
지고한 산, 푸름의 나무처럼
다시 일어서는 풀잎의 생리로
일상의 감동을 낳아야 하느니.

함성, 그 위대한 강릉인의 혼불
-독립만세운동 기념탑 건립을 축하하며

태백의 산허리 쭉쭉 뻗은 청송의 기상과
장엄한 불기둥, 동해의 일출을 보아라.
역사의 숨결 맥맥한 하슬라의 땅,
독립만세 쏟아내던 그 날의 함성과
자유의 소중함 목숨처럼 절규하며
살 저미는 암울한 시련의 새벽 깨우던
당신의 심장은 아직 뜨겁다.

폭거와 불의, 압제에 항거하여
겨레의 의연함 면면이 지켜온
강릉인의 혼불 위대할지니,
의로움을 위해 무너지지 않는 굳셈과
치열한 조국충정의 일념으로
그 단절의 시간 못내 고뇌하며
처절한 몸짓과 통한의 눈물로 찢긴
참혹한 지체의 부위 온통 선혈에 젖고

슬픈 유년의 꿈 자락 펄럭이는 남대천
오늘도 금산 솔숲 휘굽어 흐르는데,
국권 강탈당한 그 날의 치욕 치유하는
만세의 불꽃이여, 활활 타올라라.

아, 여든 해 전의 기미년 4월
종탑에서 울어주는 교회의 종소리
유도진흥 동지나 보통학교 학생이나
망상의 어부, 草堂의 농부는 하나 되었지
수초 흔들리는 물빛 고운 경포호반에
날푸른 목숨의 표징으로 현현하는
고귀한 넋들의 정녕 큰 뜻은
겨레가 자존하는 새 날로 장식되고
부르튼 손으로 영혼의 닻줄 당기어
천년의 바람 앞에서 태극기 흔들어준
눈물 묻은 고독한 작업은,
순백의 갈매기 비상하는 자유공간에
미래의 꿈과 격정의 파도 밀어 올린다.

솔개와 술래

황혼이 곱게 물든 하늘 끝 높이
화살보다 빠르게 날아라, 솔개야
푸른 산자락 멀리 물안개에 젖은 호수
오늘도 어린 날의 고향집에
솔가리 타는 저녁연기 폴폴,
꿈의 날개 훨훨 바람 가르며
날 잡아 봐라, 술래야

해안 통신문

해안의 한 끝이 어둠에 잘려 나간 일몰의 시간, 어항에 허리춤 묻고 정박한 목선을 사정없이 후려치던 바람도 꼬리를 감춘다. 유서처럼 쓰는 한 통의 서간에 몸살 앓는 키 작은 그림자는 정적이 묻은 미세한 전율에 결별의 징표로 흰 머리카락을 떨군다.

밤비에 촉촉이 젖은 가등에 헛기침하며 '사공의 노래' 토해내던 젊은 날 객기의 한 때, 까닭모를 분노와 통한은 붉은 발 물총새가 저렇게 울어도 월광의 예리한 칼날로 '피곤한 내 운명의 항해' 는 더 이상 자유로울 수 없어 가끔 낯선 항구의 휴식을 쫓았지.

혈흔 같은 해당화가 지천으로 깔린 헌화로 포물선을 그으며 추락하는 유성, 삶의 비통함도 간헐적인 해조음에 타버린 시간의 편린, 집어등 발광하는 포구에 내 슬픈 초상의 미감은 언젠가 만선의 깃폭으로 변형되는 기대감으로 충족되리라.

지울 수 없는 기억의 끝자락에 청어의 등비늘처럼 번쩍이는 사유의 잔상 자꾸 털어내도, 흑암 가로지르는 금속의 화살로 박혀 생명의 유업으로 전승되는 엄숙한 미명은 착란이다. 오늘도 혼돈을 향해 빛을 허락하신 내밀한 언어에 맑은 선율로 튀어 오르는 목숨의 파장波長은 더 없이 황홀해 두렵다.

푸른 천년의 바람으로
-조국 충정의 영령 앞에서

살신성인의 피 끓는 정신으로
고귀한 영혼 잠들어 누운
이 성스러운 땅, 한 순간 천년의 바람
산새의 울음도 끊기어 적막하다.

둥둥, 흑암 찢는 붉은 햇덩이
서슬 푸른 안인진의 그 파도
민족분단의 상흔 처절하여
목숨의 진동도 피 흐름도 멈추나니,
오호, 무장공비의 침투로 숨져간
자유의 투혼과 민간의 혼령
너무 느꺼워 눈물겨워라.

혼돈의 20세기가 저물어 가는
1996년 9월 18일 오전 5시 30분
'진돗개 하나' 발령을 시점으로
그토록 자유 평화의 깃발 움켜잡고
조국 산하 지키리라는 그 불타는
당신들의 무너지지 않는 신념,
불멸의 혼불 정녕 놀랍다.

웅장한 태백의 산자락 칠성의 솔숲과
가맛골 휘도는 산여울 투명한데
무장공비와의 작전 수행 중에
조국 위해 장렬하게 산화한
그대 자랑스런 자유의 병사,
위대한 민족혼 위해 생을 마감한
젊은 심장, 순수의 영혼 노래하리니.

그 날의 위기와 경제 불황을
평화통일의 단합된 의지로
슬기롭게 이겨낸 선한 흰 옷의
강원인의 가슴과 피 너무 뜨거워
안인진 통일안보 공원 이곳에
빛난 주검 느껴워 탑을 세우나니
지나가는 길손이여, 조국의 부름 받아
이렇게 잠든 용사 영원히 기억해 다오.

하얀 기억 흔적은

바위의 속살 깎아내는
한스런 세월의 물발이,
용강동 측우소 그 골목길에서
어둠의 비늘 돋아나 눈비에 젖은
윤기나던 밤톨 머리마다
은설의 머리카락 밀어내는데

'성실 창조 조화' 의 교훈 아래
깨끗한 꿈과 낭만 키우던
유년 한 때의 욕지거리 악동들,
서슬 푸른 목숨의 바람 앞에
교산과 난설헌의 시혼 깨어나는
초당의 솔숲에서 손잡으니
까닭 모르게 열 오른 가슴은 뛰고
두 눈은 천년 물안개에 젖는다.

결코 아름다운 기억 아닐지라도
목젖이 쳐지도록 불러도
항시 음정이 어정쩡한 모교의 응원가
허기진 배 움켜잡고 물푸기 작업
모판을 나르던 봉사활동이나
찌는 여름 날, 땀 뻘뻘 흘리며
풀쐐기에 쏘이던 퇴비증산의 기억도
돌이킬 수 없는 어제의 시간,

아직 귓가에 쟁쟁한 새마을 노래와
국민재건 체조의 명쾌한 구호소리
비록 '낭만의 대하여' 는 아니어도
와락, 서러운 기억 흔적 돋아난다.
그리운 유년의 친구여, 잠시 세상 일
버려두고 활활 얘기꽃 피워보세.

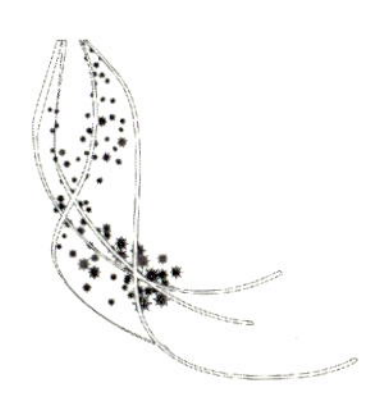

새벽의 出凡

물보라 꽃눈처럼
꺾어지는 夜海周邊

열병으로 앓아 누운 水馬는
수만의 부리로
모랫톱을 툭툭 찍어댄다.

칠흑의 휘장을 사르고
금으로 불타는 태양이
수평을 열면

싯퍼런 등비늘 번뜩여
펄쩍 튀는 內海에
쏟아지는 순백의 광선

우우 포효하는
종파를 빗기 차고
비상하는 갈매기

왁자지걸 술렁이는 선창엔
떼 지어 밀리는
충만한 구릿빛 살결

오늘도 천해로 나가
어망을 던지는
수부의 끈질긴 투쟁은
또 다른 우주를 낳는다.

아침 해 낚아 올리는 바다

반짝이며 기우는 햇발은
은빛 나래에 싣고
날아오르다 선회하는
갈매기

모랫톱 언저리에
썰물 져 꺼지는 물방울소리
그건 짧고 의미 없는 선율

찰랑이는 海溢의 숨결에도
내 의식의 세계가 흔들린다
그리고 모든 정물이

한여름 그 빛나던
언약의 순간은
참으로 허망한 그림자일 뿐
하늘엔 바람 밖에
남은 것 없어

해류의 숨 가쁜 疾走
아침 해 낚아 올리는 바다는
목숨의 충동으로
무섭게 뛰고,
마른 침 토하는
목 쉰 바다의
기침소릴 듣는다.

아침이어요

빗장 잠긴 심혼
어둠의 장막 찢고
맑게 깨던 날

푸른 댓잎 위에 구르는
이슬의 섬섬한 울림에도
산과 바다는 가슴 열어
새날의 신선한 꽃빛살 날려요.

하늘은 더 푸르게 높고
손 없는 바람의 웃음엔
청어의 등비늘에
튀는 흰 물결

小鳥의 청아한 노래에
풀꽃들은 춤추고
곰살궂은 해님 웃고 있어요.

꽃 한 송이 피우려는
땀 밴 손길이
숱숱한 고뇌를 참고 이기어
쟁쟁한 목소리로 되 사는 시간

오늘도 산정에 올라야 하는
인고의 작업을
이제 또 시작하여요.

構圖. 2

물안개 피어오르는 浦口에서
눈빛 날카로운 사나이가
해저의 잔광을 건져내고 있다.

소금기 밴 그의 까만 피부는
눈부신 금화로 살아나고
살갗에 돋아난 모발은
일제히 섬세한 물발로 흔들리다.

타원을 그리며 던져지는 은빛 투망
기대는 날치처럼 逆水를 찢고
튀어오를 듯 물때에
축축이 젖은 사내의 두 발

종일 부르튼 손으로
저리도 전력을 다해 끌어올리는
그 투망의 그물코마다에
나의 정직한 욕심과는 달리
우울한 공허와 피곤한 생의 고뇌가
슬픈 빛깔로 紘을 뜬는다.

바다 風景

햇귀로 탄생한 아침은
황금수레를 몰고
충일한 생명감에
푸른 옷자락 펄럭이는
목숨의 파도 위를 질주합니다.

새하얀 海鳥의 깃털은
아침 해가 뿌리는
정금의 비늘이 돋아나
낭랑한 해조음을 날립니다.
신들이 휴식하는 깊은 바다
산호초 사이로
紅魚는 꽃처럼 흩어지고,
맑게 깬 우주의 공간
바람에 쫓긴 구름 떼가
고향 뒷산의 흰 목화송이 같습니다.

청어 낚아 올린 아침바다는
요령을 흔들며
우리의 아침 식탁에서
눈부신 햇살로 살아납니다.

그물코에 걸려
살갗 찢긴 바다는
생혈을 뚝뚝 쏟아내지만
항시 살아 있는 목숨입니다.

웅자한 포세이돈
바다의 신-모험을 먹고 사는 젊은 사나이
우리의 존경 받는 시인입니다.

構圖. 1

맑게 깬
의식의 심상에서
무수히 변신하던 언어가
피곤한 오후에
四肢를 뻗고
바다로 투신한다.

억겁의 권태는
자학을 낳아
스스로 수줍은 속살마저
예리한 이빨로
물어뜯는 海峽.

이 현란한 아침.
건강한 수부의 작살에
난자당한 심장을
해변에 뱉어 놓고,
호곡하는 바람이
섬세한 물결을 밀어 올리자
바다는 선혈 철철 쏟으며
낮은 율조로 오열하다
실신한다.

깃털처럼 잘게 일어나는
바다의 지느러미
잘라 들고
돌아온 새벽 식탁,
칼날이 긋고 간 부위마다
돋아나는 청비늘의
온전한 바다가 숨 쉰다.

생명이 충일한 바다는
본능의 뿌리 끌어들이는
축축한 아낙의 子宮,
승천할 수 없는 생리로
열병 앓는 깃발처럼
옷을 벗는 이무기다.

아, 바다는
포말의 집합
–그저 물일뿐
다함없는 거대한 목숨

나직한 통곡으로

사랑하는 그대여
영혼의 빈 잔 위로
철철 흘러넘치던
슬기로운 말씀을 기억하는가.

살 에는 바람 앞에서
진리의 등불 밝히려고
온 몸으로 흐느끼던 그날의 설움
와락 살아나 가슴 찡했지.

좌절의 늪을 건너며
인습의 아픔 이겨낸
네 젊은 날의 도도한 패기
자랑스러워 눈물겹다.

팽팽한 시위를 떠나
역풍 가로지르며
하늘 끝 날아오르는
불끈 솟는 힘,
이 무한한 자유여

스물 한 해 짧지 않은 세월
현을 울려주는
한 올의 바람에도
네 순수의 몸짓은 황홀한 데,
검은 활자 속으론
목숨의 피가 나직이 통곡하며
역사의 강물로 일어선다.

休日 아침

옷깃 스친 인연으로
어느 이역에서
우리 그렇게 만났더니

칠흑의 휘장 찢는 아침
하늘가(邊) 떠다니다
스러지는 구름의 생리로
그렇게 끊어질 인연이거니.

꿈 많은 나이에
욕심 없는 시인의 아내가 되어
피로한 생활 닦아가는
고운 손에 연륜이 나리고

그녀의 손길 스친 식탁마다
두껍게 갈앉은
사랑의 앙금

언젠가 바쁜 일상 멈추게 할
사신 앞에서
항시 타인일 수밖에 없는
아내가 집을 비운
휴일의 아침은
참으로 공허해 썰렁하다.

生 命. 1

항시 청송의 교정에 서면
예지로 펄떡이며 넘쳐나는
이 생명의 불꽃

열린 미래로 웅비하는 오늘
과목의 꽃눈 피우려는
우리의 터진 손등 위로
살 아픈 바람이 인다.
아직은 붙잡기엔
너무 가녀린 햇살

閃光을 가르는 전사여.
쫓기는 자 되어
끌려가지 말고
칠흑의 장을 찢어
오늘의 역사를
확인하고 증언하여라.

生命. 2

그 혹한의 바람 맞아도
푸른 生命으로
늘상 깨어 있는 솔향에서
겨울 비늘 털어내는
나무들의 건강한 언어를 읽는다.

젊은 네 심장이
저리도 뿜어내는 피의 파동
가지 끝 물오르는 소리와
새순 돋아나는 소리들

정금의 밝은 햇살이
하얗게 쏟아지는 하늘,
새들은 자유로이 비상하는데
네 이마의 땀방울은
붉은 장미꽃보다 눈부시다.

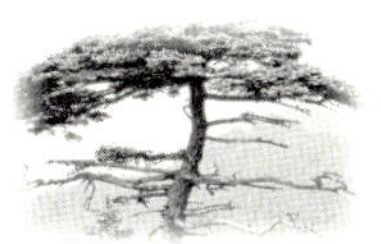

그 작은 새

하롱하롱 자취눈 쌓이던 날.
섬세한 깃털을 날리며
여울목 휘돌던 풀꽃처럼
바람결에 밀려
어디로 사라졌을까.

잎은 떨어져
뿌리로 돌아가는 것,
그것이 운명일지도 모르지만
나무처럼 하늘을 믿고
자신 있게 살자던
朗朗한 그 노래
다시 불러주렴.

가슴 떨려 불안하던
어느 날
나는 보았지,
피 묻은 죽지에
입 맞추고 돌아서는
손 없는 바람의 슬픈 미소.

천진스런 바다는
하늘 밑에 뛰노는데
아, 꽃비 내릴
도솔천 어딘가에
쪼르르 지저귈
그 귀여운 모습.

소 리

산열매 따 던지며
뛰놀던 어린 시절

남사당 패거리의 흥청임이
두렛군의 錚錚하던 징소리가
타령조의 여운으로 되살면
채색 휘장 둘린 촛불 앞에서
신명난 巫女의 방울소리는
바람의 나래에 얹혀 파닥인다.

누이의 모시치마 끄는 소리처럼
아련히 되사는 환청 같은
木魚의 울림은 묻혀 사는
그 이의 가얏고 고운 선율

돌상을 향해 걸음 옮기던
그 유년의 세월
心琴을 퉁겨주던
무한의 旋律 감미로워
귀 기울여 듣기에도
가슴 조여라.

線

하나로 이어지려는
섬광의 津動이다.

튀는 날치의 싯퍼런 등비늘
쏟아지는 햇살처럼
迷宮의 의식 속에서
반짝이는 상념은
수만의 꽃나비로 한다.

차창 밖 줄 이은 가등 흔들리듯
무섭게 떨려오는 심령,
뒤 돌아보면
너무 먼 선의 表裏 속에서
고목처럼 뿌리내린 나

간판이 무거워
도시는 신음하는데
손가락 사이로
세 모래가 빠지듯
흐르는 눈먼 세월은,
우주의 신비로운 질서를 위해
숨찬 진통의 행렬 뻗어간다.

매서운 바람 가르는 나래 짓
항시 닫힌 문 앞에 서면
조바심으로 하여 떨리는
한 가닥 생명의 불꽃

포연에 풀꽃 이울던 그 밤,
벼랑의 바위틈에 깃든 수리부엉이
지금은 매서운 바람 가르는 나래 짓.

빛을 난사하는 태양이
채찍에 찢긴 상흔을
날카로운 부리로 쪼던 고통의 나날

균열은 이어짐의 조짐,
겨레의 한서린 동공 가득
독침 돋친 휴전선 사를 듯
타 오르는 폭염의 계절

백두산 龍王潭 쏟아 내린
雨露 받아 살아 온
흰 옷의 슬기로움이
새 역사의 장을 열어
통일에의 서광을 발함.

깊은 상흔의 전사
그대 幻覺의 다리는
또 다른 의지로 살아나
열린 미래로 웅비하는 오늘

허리 잘린 민족의 비명
통일의 깃발 아래 잠재워
님의 절절한 소망 꽃 피우리라.

墓碑銘

毒相처럼 돋아나는 번뇌 씹으며
十男妹 뒷바라지에
고희의 세월 헐벗으시던 이

숨어 살던 冬天
꽃나비 영혼 데불코
육체 무너지던 날
가시와 독 자갈에 으깨어진
당신의 손 잡아줄 자식도 없이
훌쩍 먼 길 떠나셨지.

앓는 가슴으로
근검 · 절약 이르시더니
한 가닥 鳶줄 끊기던 울림 뒤
가난한 당신의 영혼은
한 마리 깃털 흰 학이 되어
청송 가장이 끝 날아올랐지.

그 눈 감길 때 '顯於禮儀守護'
금시 말씀하실 듯
조금은 열린 입

귀곡조 섧게 우는 어슴막*
悔悟의 눈물은 갈증에
타는 심장 촉촉이 적시는데
키 작은 억새 숲엔
서걱서걱 혼령 실어 나르는
목쉰 바람의 기침소리뿐.

※어슴막–경상도 방언으로 '초저녁'

북녘 하늘로 鳶을 날림

오늘도 열세 살 소년은
겨울새의 그림자 悽絕한 강가에서
손바닥에 모아지는 곰살궂은 햇발만큼
의식의 실타래를 가슴으로 풀며
아비의 손 때 먹은
태극무늬의 鳶을 날림.

나뭇잎 뿌리로 돌아가듯
반짝이는 금빛 태양이
生血 토해내며 침몰하는 순간,
녹슨 철조망 가르며
한 자락 신념의 깃발이 오름

전율에 冬天 높이 날아오르다
날 푸른 하늬쪽바람에 나래 찢겨
또 다시 墜落하는 새
어느 갈꽃에 내리는 이슬 쯤
소년의 이마엔 인고의 땀방울
북녘 땅 주시하는 증오의 눈빛은
의지로 쏘아내는 수만의 화살

가쁜 숨 할딱이는 山頂의 바람
현기증 앓던 불볕 아래서
빚 고운 날의 환희를 위해
釘으로 돌벽 쪼며 흘리던 아비의
넋두리_昇天하는 순백의 비두로기임.

오늘도 열세 살 소년은
귀가 먼 영혼이 애열하는 강가에서
터진 손 팽팽히 얼레를 꼰아잡고,
풀 한 포기 자유롭지 못한
북녘하늘로 아비의 피눈물 얼룩진
태극 문양의 鳶 온종일 날림.

열매 따기

저것 보세요.
긴 꼬리 鳶 날고 있는
청잣빛 하늘이
회색이 손짓을 하고 있어요.

눈부신 의상 벗기고
앙상한 실체 드러낸 들녘은
열매를 털리고
초토 위에서 돋아난 갈꽃
바람 앞에 떨고 있네요.

눈물에 젖은
네 영혼의 빈 가지
열매 따 모으며
남긴 휘파람이
쓸쓸한 그림자로 살 속 저미는데
안식을 쫑쫑 쪼아대는
깃털 노란 작은 새들은
쟁쟁한 노래 부르네요.

피곤한 항해를 잠시 끝낸
항구의 뱃전에 엎드려
유리처럼 맑은 물속
깊숙이 투시하면
조찰이 씻기는 水草 사이로
세월에 옷자락 끌린
낮은 산자락의 꽃구름은
가을이 흘려낸 鮮血에 젖네요.

下山 길에

꽃처럼 볼 고운 단풍의 그림자
바위의 속살 드러낸
투명한 수면의 물발에 흔들리고

층층나무 가장이의 햇살은
푸른 바람에 금빛 비늘 떨어낸다.
피곤이 돋아나는 살갗은
내밀한 눈물의 물안개에 젖고

적멸도 숨죽인 비로봉 정상
폐광의 터널처럼 속이
텅 빈 고목에 靑苔는 돋아나고
그토록 권좌에 앉으려던 이,
명예에 손 잡히어
인고의 땀을 쏟으며
그토록 물질의 풍요 위해
철저하게 인색했던 날.

영혼의 잔이 비어 있어도
잠시면 이울 육신 살찌우려
피 철철 흘리는 자

희끗희끗 눈발 날리는데
살아온 시간의 의미가
관질의 동증으로 살아나

下山하는 길 내내
신발 속 모래알처럼
까닭 없이 살갗에 닿아
못내 나를 괴롭힌다.

겨울에 쓴 편지

달빛이 풀어 내린
눈물에 젖은 산과 나무가
새벽안개에 잠겨도
다시 형상이 점점 살아나는
목숨의 시간이다.

겨울바람 앞에서
힘겹게 눈을 뜨면
동해는 靑비늘을 털어내고
새롭게 탄생하기 위해
구원의 목 십자가 앞에서
흔들리는 네 그림자

찢긴 자존감을 위한 동굴의
칩거로 터진 살갗 핥던
그 불혹의 세월을
한 가닥 집념으로 견디어 온
네 건강한 신앙과 열중은
늘상 순결한 이마
촉촉이 땀에 젖게 하였지.

소유의 허물을 벗고
無力으로 새로워지는
눈물겨운 작업 지켜보아도
볼 수 없는 존재를 위해
온 몸으로 부딪치는 네 아픔
아는 이 있을까.

正午의 하늘 가득
화살보다 빨리 날아오르는
새떼들의 나래가 눈부신 오늘,
풀빛 싱싱한 대지엔
꽃나무의 축복이 있네.

아, 한 날을 열어
넉넉한 은혜 베풀어 주시는
세세토록 영원할
치유의 시학 당신의 언어,
이 조용한 팔 벌림.

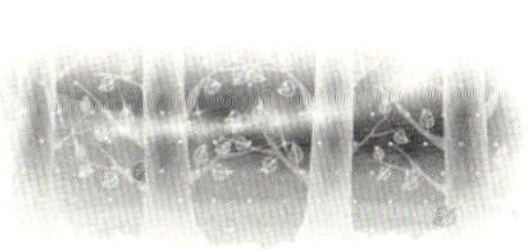

合 一

何道가 힘겹게 오르던
傳燈寺의 돌길

근원 알 수 없는
한 올의 미풍도 거부한
정오의 땡볕은,
턱 끝 치바치는 가쁜 숨결 뽑아내고
흐르는 땀으로 온 몸 씻어낸다.

우기 뒤, 골골의 폭포처럼
바위의 속살 벗기는 그 거센 힘으로
무섭게 쏟아지는 풀매미의 울음.

아직은 여름 다 지나는
서러운 아픔 아닌 데
항변하듯 절규하는 업고는 무엇일까.

신과 자연 앞에서
목숨 하나 없는 순간일지라도,
나무의 푸른 잎에서 빛나며
모든 소리 지배하는 이 현상.

하나일 땐 약하며 꺾이나
열이고 백이고 천일 땐,
항시 만상 위에서 소리나
혼 빼앗아 다스리는
위엄 있는 힘의 원리를 알라.

어둠 앞에서

푸른 옷자락 펄럭이는 5월
감미로운 입김에
도르르 말리는 댓잎

모시치마 끌리는
아슴프레한 소리에
창밖 어둠 잘게 흩어지고

바람이 머물다 간
허허론 공간엔
황홀한 트럼펫의 떨림

밤의 그 적막감이
아직은 한기를 몰고
뼛속을 파고드는데
저토록 깎아내도
손톱처럼 은밀하게 돋아나는
절절한 고뇌의 숨결

오늘도 별 하나 눈물 속에
하얗게 울고 있다.

은설이 빛나는 청송 숲

태백의 거대한 뿌리에서
청태로 돋아난 예지는
깊은 동면에서도
눈 뜨는 뜨거운 묵시다.

영혼에 와 닿는
따뜻한 손길과 다정한 시선
말씀과의 만남이 있어
銀雪 빛나는 청송의 숲은
새들이 꿈을 쪼는 나라.

자정, 추락한 달빛의 비늘이
세기의 늪에서 일제히
별의 혼령이 되어 승천하는데
너의 의지와 뜨거운 심장은
늘상 출렁임으로
깨어 있는 생명이다.

깃털 벗은 나무들 잉잉 울면서
피워낸 순백의 雪花마다
빛 하나 입 맞추는 계절,
그늘 없는 너와의 언어유희는
채색된 유리창마다에
손바닥 크기의 모자이크로 살아난다.

아, 열기 뿜어내던
축제의 그 밤은
우리의 청춘 위를 딛고 가는
한 줄기 추억의 강물인가
정교한 부챗살로 환생하는 바람인가.

어둠이 딛고 간 상흔에도
지성과 낭만이 부활하는데
나무처럼 하늘을 믿고
자신 있게 살자던 그 벤치에
풀잎에 눕는 세세한 바람처럼
피어나는 순수의 눈물과
저리도 문 흔드는 당신의 음성은
그저 다함없는 깨끗한 영혼이다.

壁. 1

황금의 종소리 잘게 흩어지는
푸른 호숫가 그 언덕에
종탑과 뾰죽 지붕의 형태로
대지에 불끈 솟아올라
황홀함 보여주는 정교한
무언의 노래가 있다.

수천의 귀를 열고
신비스런 삶과 죽음의
내밀한 언어에
그토록 오랜 세월 부딪치며
매혹의 질서를
팽팽히 유지한
네 뜨거운 묵시.

기하학적 정밀성은
섬세한 손끝의
소리 없는 작업으로
돌 위에 세계를 누인다.

내 사념의 우주에 자리한
거대한 운명의 벽은
수정처럼 투명한
환상적 율동을 시도한다.

草芝鎮

황하의 청태 묻은
훠이훠이 바람을 타고
햇살 속 뚫고 오는 해조음

역파를 빗기 차고
저리도 어리듯 어리듯
응어리진 한에서 분출하는
그 날의 포성과 쨍쨍한 함성

洪重普여,
그대의 피땀으로 구축한
열린 서해의 이 요새는
살아 있는 근대사의 현장
검은 갯벌에 떨어지는
갈매기의 눈물같이
까맣게 잊어지는 상흔
알려는 이 몇 있을까.

3개의 포대에서
로즈의 극동함대와
로저스의 아세아 함대 향해
불 토했으나, 끝내 운양호의
치욕을 빗은 鎭營이거니.

놓인 火砲箭 하나
내 슬픈 자화상 같아
신화처럼 고운 노을 속
또 이렇게 가슴 저려온다.

푸른 생명의 나무

범선 밀어올린
붉은 햇덩이 끓어오르고
눈물 묻은 목숨의 시간은
한 세대의 늪을 건넌다.

태백준령 가르는
겨울바람 앞에서
그토록 찢긴 깃발 움켜잡던
피멍든 네 손은 뜨겁다.

순결한 흰 이마에
방울 맺힌 인고의 땀은
장미보다 더 곱게 불타는
순수의 수액이다.

정오의 햇살 쏟아지고
하늘 높이 비상하는
새떼의 경쾌한 나래 짓에
맑게 깨어나는 우리의 일상

풀빛 싱싱한 교정엔
더 큰 자유와 진리 위한
나무들의 건강한 언어가
푸른 바람으로 일어서는데
등비늘 번뜩이는 너의 야성은
물줄기 거슬러 펄떡이는
황홀한 충동.

네 장한 열정과 곧은 신념은
단절의 벽을 헐어
위장의 허물을 찢고
창조의 강을 열어
혼돈의 기억을 묻고
아, 천년 푸른 생명의 나무로 살라.

日沒

용문장 옥상에서 바라보는
태풍 세실이 핥고 간
大川(한내)의 해변
여인의 살결처럼 매끄러운
새하얀 조약돌 깔린 多寶島 휘감아
숨막히게 하는 어스름은
은밀히 모의를 시도한다.

비상할 수 없어 슬픈
한 마리 갈매기가
낮게 선회하는 갯바위는
떼 몰려 다가오는 밀물에
들어내던 고래 등 움츠려 숨긴다.

돛대 마스트에 앉아 미소 즐기던
눈부신 정오의 태양은
빨래터 홍조 띈 아낙처럼
부끄러운 적삼 속의 속살 드러내며
억년 그 질긴 恨 접어두고
선혈로 쏟아 놓는다.

한 날의 세상 살다 침몰하는
생명의 그 아픔은
한순간의 정지된 진동
떨리는 황홀이다.

낙조 바다에 침잠하며 흘린 눈물에
축축이 젖은 하늘 한 모서리는
피보다 짙은 사랑을 낳아
충돌하던 파도의 숨을 죽인다.

미열 뒤의 오한
그래서 지금의 나는
가슴앓이 중이다.

塹星壇

삶의 일상은
山頂 오르내리는
인고의 작업이다.

샘물로 목축이며
가끔은 풀잎 위의 이슬 털며
仙薌보며 오르기도 하고
때론 업고의 연일까
새의 노래 없는 가파른 石經
땀 뻘뻘 쏟으며 오른다.

물 맑은 계곡을 휘굽어
쓰르라미의 울음 눈부시게 쏟아지는
숲 그늘의 길 오르면
첨성단 입구에 닿아

굽은 길을 치달아
턱 끝에 채 이는 가쁜 호흡
몰아쉬면 千의 돌계단
표고 468m의 摩尼山 정상.

대대손손 이 겨레 영화 누리소서
하늘에 기원하던 유서 깊은 땅은
吉祥面의 三郞城과 단군의 유적지
성조의 祭天地이다.

화강석 층층이 쌓아
모가진 상부와 원통형 하부
조화를 이룬 첨성단의
형상은 무엇의 표징일까.

노 새

거품 질질 뽑아내며
열기 끓는 보도 위에
희멀건 동자 까뒤집고
무덤처럼 쓸어져 누운
가련한 노새

한여름 불볕은
강철 화살처럼 쏟아지고
갈기 빠진 목덜미로
매몰찬 뮤스카의 채찍이
피익 공간을 짜르며
살 속 깊이 파고든다.
살갗이 터진
허리 굽은 노새는
긴 혓바닥 빼문 채
가쁜 숨 헐떡이며
필사의 도주를 시도한다.
발굽이 패인 다리로
비탈 오르며
땅 끝을 헤매어도,
생식의 본능까지 강탈당한
저주 받은 너는
한 점 혈육도 없다.

천근 무게의 슬픈 운명을 지고
혹한의 바람 속에
삐꺽이는 바퀴소리 뿌리며
오늘도 모진 목숨 이어가는
허핍한 네 그림자 하나
어둠 속에 처절하다.

병상 시첩

섬세한 의식의 빛 꺼져 가는
짙은 흑암 속
하늘 끝에서 바람처럼
창백한 손 하나 나타나
아픔이 머문 부위 어루만지고

물오른 나무의 새순처럼
통증은 살갗을 찢고 돋아나지만
일순 영혼엔 고요한 평온 찾아든다.

물발에 흐느적거리는 수초처럼
병약한 육신의 그림자
한 올 바람에 흔들리며
좌절의 늪으로 추락하는데

어둠 속에 나타난
크고 부드러운 손 하나
봄볕에 겨울 빙벽 녹여 내리듯
끊길 듯 풀리는 목숨의 실타래를
조심스레 감아올린다.

한여름 마른 강바닥같이
무한 갈증에 타는 병상
우주 끝 어디선가 나타난
투명한 눈물에 촉촉이 젖은 손
돌처럼 차가운 심장에
뜨거운 피의 강 흐르게 한다.

바람 素描

지금, 세기의 늪을 지나
눈꽃 같은 속살을
파도 위에 내어던진
피곤한 목숨 하나

올올이 날리다
풀잎에 눕거나
천 갈래로 찢기어
세세한 물무늬로 환생한 분신

격랑이 피워 올린
물때 낀 너의 언어는
이 밤 또 哀曲으로 부활하나니.

心想이 깨어 있어
빗장 굳게 잠긴 문마다
두개골을 부딪치며,
존재로 살아남으려는
그 처절한 현상은

우주가 휴식하는 시각
그 흔한 몇 방울의 눈물도
허락할 수 없어
온몸을 떠는 견고한 고독 앞에
깊은 밤 창을 흔드는 건
부챗살로 뻗어나는 손이 아니라
번뜩이는 야성의 얼굴
실상은 너의 절대의지다.

이율배반

겨울바람 앞에서
한 평생 처절하도록
영혼의 창 눈부시게 닦아도
손톱처럼 자라나는
육욕의 체취와 느낌에
얼룩지는 나의 일상
달빛 푸른 밤 총총한 별
눈물 속에 젖는다.

아직은 바람도 끊긴
깊은 밤 올올이 깃털마다에
영혼 길어 올린 바람이
내면인식의 늪을 건너고

꽃잎 이울어 퇴색하고
가을이 잘린 부위마다에
살아나는 겨울의 손톱

哀憐한 삶의 아픔으로
깊게 그어진 주름살마다
드러나는 수줍은 순수

나래 하나 없어
아직은 오를 수 없는
높은 가장이

몇 장의 지폐를 위해
다리 절며 걷는
도시의 한낮,
고독한 그림자는 창백하다.

부대끼는 물발에
나래 찢긴 물수리의
처절한 외줄기 비명은
칠흑의 공간 가르며
떨어지는 눈부신 눈물.

변 명

뼈를 깎는 아픔 견디며
각고의 푸른 날(刃) 갈아도
정교한 새 한 마리
쪼아내지 못하는 건
천품이 우둔한 탓이다.

현상이 저마다 투사되는
현란한 正午의 시간
예지의 눈을 밝혀
세상 밖을 응시하고
심상의 꽃 한 송이 노래해도

항시 절망의 어둠뿐인 건
슬픈 유년의 그림자
저리도 길게 풀어지고
따라 눕기 때문이다.

겨울바람 영혼의 정원에
순백의 꽃눈 피우던 날,
고통의 신음 뱉어내던
당신의 병상에서 잡은 손
심장에 스며들던 싸늘한 전율

신열로 검게 타 갈라진
언어 잃은 혀
뼈마디 앙상해 무너진 육체

견딜 수 없는 고통에
눈 감겨 달라던 불효의
가슴 절절한 기도가
녹슨 훈장처럼
늘상 의식 속에
뜨거운 돌의 함묵 같은
깊은 상흔으로
남아 있기 때문이다.

交感

만상이 휴식하는 밤
홀로 깨어 바람 앞에 서면
내 의식의 공간에
눈부시게 쏟아지는 별

파도처럼 일어서는
언어의 美學
올올이 영혼에 와 닿는
선율의 신비이다.

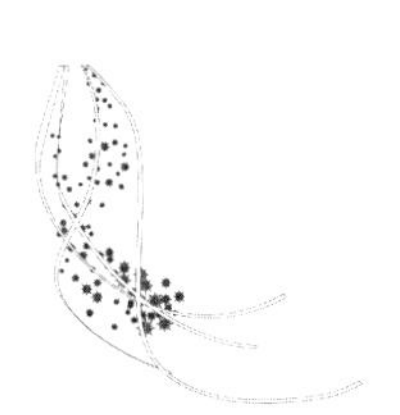

제2부

응시, 투시도법의 조망

꽃과 편지. 1

사랑하는 이의 꽃내음 묻은 삼단 머릿결 대할 때, 출렁이는 푸른 강물 위의 달빛 온통 신비롭고 총총한 밤별로 눈부십니다.

감미로운 당신과의 입맞춤에 풀잎 누이던 어제의 바람은 이미 새로운 의미로 눈 뜨고, 내 꿈의 새는 아침 호수에서 하얗게 날아오릅니다.

당신과의 만남으로 인생의 뱃길을 달리했으며 까닭 모를 희망에 부푼 가슴은 하늘 끝 높이 날아오를 환한 기쁨으로 가득했습니다.

항시 물기 배어 있는 당신의 목소리는 내 피를 뜨겁게 했으며 다정한 눈길은 노동에 지친 영혼의 잔에 방울방울 은혜의 꽃비 허락합니다.

꽃과 편지. 2

어둠 속에서도 네 수줍은 미소는
청초한 꽃으로 피어난다.

천천히 커가는 滿月처럼
나뉨의 아픔은 깊이를 더하는데
또박또박 층계 오르던
귀 익은 네 발자국 소리하며
가슴을 뛰게 하는 고운 눈망울은
새벽 산등성이로 날아오르는
물안개인 양 나를 휘감는다.

흔적 없는 바람에 날려 온
향그런 꽃잎 하나가
내 입술 촉촉이 적실 때
상기된 그네의 두 볼은
투명한 눈물에 젖는다.

끊임없이 격랑에 부딪친
피곤한 일상의 항해는
안식의 닻을 내리고

그토록 오랜 날,
목숨처럼 소중하게 지켜온 순수는
뜨락에서 사락사락 나려 앉은 꽃눈처럼
눈부신 태어남의 아침을 맞는다.
영혼 깊이 숨겨둔
너와의 내밀한 언어는
침묵 뒤에 일어서는
사랑의 기호학.

꽃과 편지. 3

당신의 티 없는 미소에
나의 하늘은 마냥 푸르고
낯익은 모든 물상도 하나 같이
허물을 벗고 새로이 변신합니다.

어제의 태양, 그대로의 강물이지만
나뭇가지 사이에서 파닥이는
새들의 하찮은 유희도
등산길에 버려졌던 풀꽃의 기억도
생명의 경이로움 더해 줍니다.

사랑하는 그대가 소중한 모든 것
한 치의 인색함 없이
떨리는 가슴으로 나누어주며
초침의 흔들림을 아쉬워 할 때,
그토록 뒤척이던 대양의 파도도
일순간 조용히 숨죽였고
신비롭게도 우리의 작은 우주엔
섬세한 바람마저 율동을 정지했습니다.

아직도 부끄러움 출렁이는
당신의 커다란 눈망울엔
간절한 그리움 하나가
언젠가의 눈부신 邂逅를 위해
고통을 운명으로 감내하는
수초 흔들리는 바다 밑 진주조개처럼
창조의 기쁨 싹 틔우고 있습니다.

꽃과 편지. 4

월력이 찢길 때마다 시위를 떠난 화살처럼 먼 시공을 날아와 어김없이 배달된 사랑하는 이의 편지를 청송 숲에서 읽노라면, 지난 밤 그 불길한 꿈으로 인한 뒷머리의 통증은 바람에 밀리던 고향 하늘의 떼구름 말끔히 씻겨 흔적이 없습니다.

단 한줄 '사랑하여 행복하다' 라는 표현 아니하여도 감당할 수 없는 창조의 큰 기쁨에 오늘도 새날의 태양 품에 안는다는 사연의 행간마다에 약속처럼 깊이 숨겨둔 글자, 너무 또렷이 새겨져 있어 지금 나도 열병을 앓고 있습니다.

무거운 계절이 침묵의 입 열어 저토록 산여울의 얼음장 녹이며 맑고 신선한 노래 들려주어도 사랑하는 이의 생각에 눈멀고 귀 먼 나는 정금의 햇살 뿌려지는 정오에도 가슴 떨림이 못내 두려워 사윈 詩魂 뒤척이며 참으로 열심히 후후 입김 모아봅니다.

꽃과 편지. 5

돌아설 듯 못내 아쉬운 걸음으로
지하철에 오르던
당신의 눈물 묻은 표정 뒤엔
아직도 노을에 곱게 타던 맨드라미 꽃 숲에서
정교한 치열 하얗게 들어내며
눈부시게 웃던 얼굴하며
은밀한 숨결이 남아 있다.

새벽 종소리 잘게 흩어지면
겨울 강 여는 봄 햇살은
어두운 목숨의 가지마다
새 순을 피워내고
맑게 열린 당신의 동공엔
꿈 · 평화 · 환희가
물발처럼 밀려와 가득하다.

오늘도 황금의 램프에 불 밝히며
당신이 드리는 절절한 기도로
소중한 사랑이 머문 자리마다엔
실핏줄로 일어서는 눈물,
깨끗한 영혼 깊은 곳에
영원히 이울지 못 할
그리움의 꽃 한 송이
운명처럼 키우며 살아간다.

꽃과 편지. 6

천 갈래의 햇살 먹고 자란
산촌의 꽃씨 하나
물안개 묻은 바람을 타고
뜨락에 가벼이 나려 앉는다.

일순, 가슴은 신선한 충동에 떨고
환청 幻視인 듯
꿈에 부푼 푸른 하늘 가득
맑은 곡조로 울어주며 비상하는
깃털 고운 새들의 나래 짓이 있다.

투명한 이슬 머금으며
새 순 밀어내는 가녀린 몸짓과
싱그런 풀꽃 내음은
청송 그늘에서 꽃물들이던
가슴 절절한 기억 되살리고

지금 속살 간지러운 봄볕 씻어
수줍어 볼 붉히는 사연과 함께
정성껏 보내준 꽃씨를 받아
손금을 보듯 숨죽여 보노라면

正金처럼 소중한 생애의
비밀스런 언약 하나가
이 땅에 두고 갈
찬란한 슬픔으로 자리해
이리도 깊은 밤
별 아래 가슴을 앓게 한다.

꽃과 편지. 7

황홀한 풀꽃의 떨림으로
청명한 나의 하늘에서
자유로이 작은 날개 파닥여
비상하는 법 반복하며

보다 눈부시게 날아오르는
어린 영혼
목숨의 새여
꽃향내 취한 입맞춤에
우리의 우울한 항해는
운명의 뱃길을 달리했지만

못내 그리워 가슴 앓으며
이국에서 보내온
혈흔 같은 그네의 편지
까닭 모를 눈물 묻어 있다.

어제의 충만한 기쁨도
깃털의 따사함 식어버린 둥지엔
떨어진 별도 꽃잎도
절반은 절절한 고통이다.

그토록 오랜 세월
닫힌 門 열어
수줍은 듯 볼 붉히며

타오르는 불꽃 앞에서
나직이 흐느끼던 이
이제는 왜 이토록 낯선
이름처럼 느껴지는 것일까.

젊고 투명한 영혼에
핏자국처럼 너무 선명해
이별의 흔적 또렷한데
흘러간 시간은 서러워라.

눈부신 약속 아니더라도
이제는 하얗게 잊기로 하자
그 얼굴의 밝은 미소
소중한 이름 하나도.

후 회

청초한 꽃 꺾으려는
무모한 행위 앞에
한 가닥 나의 신앙과 인격은
제발 그러지 말라고 하네.

마침내 잔인한 손끝에
연약한 꽃은 꺾이어
일순 향기도 생명감도
바람에 실려 흩어지는데

사랑은 無所有에 있다는
말씀 철저하게 외면한 지금
시들어 움츠린 꽃잎 위에
비로소 깊은 한숨이 채색된
후회의 눈물이 떨어진다.

증 언

초연이 여린 풀꽃처럼
너즈러진 철책의 아침에
태양은 불사의 투혼 지닌
그대의 총구에서
웅지를 겨냥한 새가 된다.

최후의 주검으로 지킨 산하가
저리도 눈부시게 아름답거늘
조국충정의 일념으로
젊은 목숨이 찢기며
새 역사 창조의 숨결로
미래의 성을 쌓는 자.

오늘도 고지 오르는
네 높은 의지,
순액의 땀방울은
죽어도 다시 부활하는
민족의 얼이다.

回翔記

杏木,
황금의 잎사귀 돋아난 자리에
靑春이 걸리어 있네.

청댓잎 위의 이슬을 털며
花浮山 그 솔숲에 오르면
고개 드는 절절한 기억의 편린

동해처럼 가슴 열고 살자던
어제의 눈부신 약속은
이마 깊이 파고드는
잘디 잔 세월의 주름살로
아직도 문신처럼 또렷하네.

오늘도 건강하고 의로운 네가
예지의 눈빛 번뜩이는데
어진 스승의 가르침은
먹구름 가르는 순수의 높은 뜻
황금 빛살로 탄생하네.

심어 놓은 白木蓮 잎마다에
은비늘로 돋아나는 미소
눈 감아도 보이는 그 교정의
붉디붉은 석류꽃 속엔
항시 분신이 존재해 있네.

西湖에서

온몸으로 고운 달빛 안으며
물놀이 즐기던
동파의 詩香이 서려 있는
석교와 그림 같은 누대
물안개 속에서 현현한다.

빗겨가는 뱃길에도
西湖十景의 풍광 눈부신데
육신은 죽어 杭州에 남으리라던
그날의 빛나던 굳은 맹세는
선창에 부서지는 빗물에 씻겨
서러운 눈물에 젖나니
생의 허망함 어이 할거나.

湖心이라 불리는 섬에 오르면
仙景처럼 경이로운 그림 한 장,
눈꽃의 향기에 취할까 저어
못내 돌아서는 뒷그림자 가득
사르르 감기는 눈 선잠 깨우는
永隱寺 범종소리의 波狀
천 갈래 만 갈래 정금의 빛살
물살 빗겨 차고 날아오르네.

불통의 이유

안식의 포구 향한 항해를 끝내기엔
물안개가 너무 깊어 닻을 내릴 수 없다
침몰의 공포 버텨내며 떠밀리다
어쩌다 피곤한 이순의 문門을 열면
온통 산자락은 장엄한 단풍의 황홀이다
한순간 빛나던 존재가 지워지는
이 불감증은, 성숙하는 외로움일까.

'기억하세요. 여전히 사랑하니까'
지금도 네 이름 상기하면
설운 눈물에 심장은 뜨겁고
삶의 일상성보다도 전의식에
침잠하는 육감적인 생리 어쩔거나.

비움의 충만, 스스로 반문하지만
흑암 속 바람의 자잘한 울림에
조건반사로 미동하는 목숨의 풀꽃
손끝에 와 닿는 핸드폰의 감촉
아직은 망설임으로 불통이다.

전 언

그날처럼 비에 젖어
청순하게 빛나는
가장 푸른 생명
'어느 풀잎 같은 음성이다' *
앙증스러운 풀꽃도
사랑스러워 행복하다.

금빛 화살보다 빠르게
우주를 관통해도
영혼이 없는 새들은
자신의 묘비 세우지 않는다.

저토록 영혼도 날개도 없는
하나의 꽃잎, 바람처럼 자유롭게
고대와 현대를 유영한다.
통제를 거부한 절대자유.

일상의 사유에서 일탈한
감성적인 상상력은
왕국의 깃발이고
천상의 구름이다
아, 무한공간으로
비상하고 싶은 충동
비에 젖지 않는 생명의 말씀이다.

※황금찬의 시 〈말하지 않았다〉에서

생명과 의상

지천으로 깔려 있는 목숨의 筍이
이라크 전쟁 중의 잔해만큼
온 산천 가득 돋아나 있네
화염으로 오염된 잿빛 공간에
금속의 살촉보다 빠르고 높게
세월은 바람으로 흐르고

겨울, 그 육중한 외투의 무게로
한 때나마 황홀한 꿈일 수 있는
가벼운 꽃나비의 비행을 위해
도란도란 산자락 휘도는
투명한 여울에 허물을 벗는다.

아직은 天刑 녹슨 철조망
가슴에 훈장 같은 아픔을 잊고
자연의 이법 거스르지 아니하고
다시 깨어날 아침의 강물을 위해
눈물 넘쳐나는 네 순수의 기도,
가녀린 풀꽃의 청초한 이슬처럼
정금의 햇살 맞아 빛날 수 있다면

다툼이 잘리어 막힘 무너진
통일된 조국의 한반도에서
절절한 자유의 열망, 푸른 목숨이 되고
혈맥이 봄의 강물처럼 녹아 흐를 수 있는
꿈같은 때가 오늘이고 현재라면
정녕, 청 감색 의상에 숨 막혀 죽어도 좋겠네.

산이 숲을 보고

노을이 붉게 타는 산자락 멀리
금빛 화살촉보다 높고 빠른
맹금의 나래 짓 전율이다
물안개 묻은 아흐, 靑山
너무 깨끗해 숭고한데

동구 밖 휘날리던 지연처럼
열방들에 대한 당신의 경고처럼
두 가지 환상에 흐르는 눈물,
역사의 와중에서 고뇌하는
'새 언약' 예레미아의 이마 위로
말끔 씻긴 바람의 세세한 깃털은
만홍의 색조 교신하고
조잘거리는 천개의 나뭇잎 응시하면
곰살궂게 구르다 매달린 물방울.

일순, 거대한 산과 숲의 포옹 뒤
사죄의 은총 뒤 늘 푸른 묵시는
자연이 빚어낸 내적 충만
끝내 문 뒤에 숨던 비겁의 비늘 털고
아아, 불타는 소명을 위해
조국의 멸망에 통곡하며 피 토하는
구원의 메시지 위한 열띤 음성
그 형상, 천년의 노을보다 곱다.

윤사월

내밀히 응시만 해도
가슴 떨리는 전율,
윤기나는 긴 머릿결
상기된 두 볼은
앳된 수줍음이다.

열린 동공 주시해도
짧은 포옹 뒤의
황홀한 입맞춤,
그건 달디단 감미로움.

무궁화

억만의 세월 속
순수의 혼 저토록 피워낸
네 장한 충정의 일념
너무 고와 눈물겨워라.

살 저미는 혹한 이겨내고
저토록 붉은 꽃 피워낸
지순한 배달의 기상
꽃봉오리 터뜨리는 수만의 나래 짓
너무 황홀해 눈부시다.

백두산 용왕담 쏟아 내린
雨露 받아 면면히 살아온
흰 옷의 슬기로움이
어둠 찢고 꽃잎을 열어
통일에의 서광을 발하는
신선한 충격
꽃의 축제여.

나무와 숲의 노래

민족의 영산 태백의 산자락
불타는 홍엽의 계절 가득하다
반짝이는 별과 푸른 월광은
물안개 속에 점멸되고
가끔은 바람에 고개 까딱이며
하얗게 엇박자로 흔들리는 갈대
조금씩은 감미롭게 누군가엔가
버팀목이 되고 싶은 깨끗한 소망,
깊어가는 얼굴의 그늘 눈물겹다.

살 저미는 회색의 바람과
미감의 강물에 말끔 씻긴
내면의식은 금화처럼 짤랑이고,
상성의 의미 항변하던 음성은
모정으로 자애로워 눈물겹다
여울목 휘굽은 물푸레나무 푸른 잎
바람의 긴 머릿결은 미끄러지며
영혼의 나비 떼 날게 한다.

이순의 그 세월, 한결같이 내밀한
언약의 피 아직은 뜨거운데
막장에서 꿈꾸던 행복한 노동이
비록 소외로 깨어지고 찢겨도
결코 포기할 수는 없다.

허물 벗는 생업은 반복되고
지고한 천년의 주목처럼
태백의 산자락 가르는 바람의 생리
아, 깃폭처럼 흔들리며 펄럭이는
가지 끝 잎들의 조잘거리는 선율
너무 자유로워 황홀하다.

끈

하찮은 일인데도
나를 구속하고 있는 인습,
제도 같은 한 올 목숨의
끈에 운명처럼 이끌리어
그토록 고뇌의 자리에서
풀리지 않는 회의로
온밤 지새우며 뒤척이다가
창밖 울어주는 새소리에
어둠의 비늘 떨어낸다.

서슬 푸른 동해의 파도처럼
마음의 평정을 잃은 삶의 일상
어진 마음으로 이해하고 용서하고
겨울 외투에 숨죽이고 앉아 있는
회색빛 먼지 툭툭 털어내듯
항시 초연하고 용서해야 한다는
가난한 신앙과는 달리
마음 깊은 곳, 그날 십자가의
못 자국처럼 선명하게 자리한
증 · 오 · 심

앙상한 나목의 가장이 흔드는
살 에는 겨울바람 앞에 서면
상처에 닿는 손길은 가시적인 것
가시적인 것은 현상적인 것
형상적인 것은 형이하학적인 것
형이하학적인 것은 풀의 꽃이니
세상적인 것 잠시 던져두고
가슴 열고 있는 바다에 나가
우우 몰려와 우는 파도의 울음
그 눈물의 의미 알라고 하네.

겨울나무

가난한 인격마저 저격당한
황량한 청송 숲에서
혹한의 역풍을
온 몸으로 안으며
홀로 선 겨울나무

선한 하나의 양심
깃발인 양 나부끼며
찬란한 아픔을
침묵으로 다스려야 하는
견고한 좌절감

만상이 잠든 시각
뼈 속에 파고드는 한기는
처절함으로 엄습해 오고
증오심을 불사르며
홀로 깨어 기도하는
고독한 손등 위로
나락지는 겨울 눈꽃

온밤 뒤척이며
좌절의 늪에서 허적이다
피곤에 지친 육신에
방향도 모르는 곳에서
비수 같은 푸른 월광으로
날아와 꽂히는 허허로움

베풀어야 돌아오는 이치
삶은 다 그런 거라지만
가슴에 저려오는 고뇌
정녕, 어이 할거나.

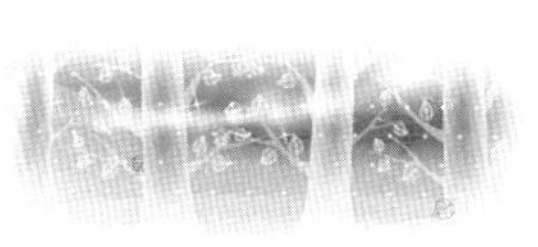

민족의 혼, 백두산

민족의 영산에 올라
옥빛의 天池 응시하면
부끄러운 역사 앞에
가슴이 찡 저려온다
일순 굉음 쏟아내는
장백 폭포의 저 위용,
천년 신비에 젖은 원시림엔
말끔 씻긴 바람의 깃털
일제히 푸른 색조 교신한다.

예고 없는 짙은 흑암
심장이 뛰는 삶의 충동에
관절마디에 저며 드는 통증,
아, 윤동주와 심연수가
불꽃같은 시혼 사르던 그날도
해란강 교각 위로
억수처럼 푸른 비가 내렸지.

반만년 역사의 강줄기로
도도하게 굽이쳐 온 압록강 구비
냉대림이 펼쳐낸 수해의 외경 장엄한데
아직도 분단의 깊은 상처로
심장에 철철 흐르는 선혈,
그건 더 이상의 참담함이 아닌
내적 충만의 황홀한 관음이다.

미망과 점멸

칼바람에 허리 잘린 반도의 상채기,
햇살은 수면으로 하강하는데
피곤한 우리네 목숨의 편린,
이산의 비통함에 가슴 저미는
불행한 민족의 운명 어이하나.

백인의 묘지, 꽃나비의 윤무 황홀한데
만델라 같은 용서의 철학이 없어
정치의 시녀로 전락한 언로의 행태
보복의 정치는 맞물림에
이항대립의 갈등구도를 낳는다.

한낮 도시의 종탑, 이념의 생리는
선명한 색깔론에 파상되고
진정 화평을 거부한 언어유희
암울한 실어증의 비릿한 냄새로
통일의 소통은 아득해 미망이다.

바람처럼

푸른 생명감 충일한 곳에서
못내 아쉬워 이우는 풀꽃
숨죽이는 햇살을 본다.

색조 퇴락하는 벤치에
명명할 수 없는 별은 떨어지고
내 의식 공간에 환상처럼
물무늬 져 오는 목숨의 편린

철새 날아오른 둥지에
한 가닥 남아 있는 온기
깃털 위에 빗살은 후둑이고
순수의 눈물 방울진 병상엔
살 속 스미는 한기
영혼에 번져 가닥가닥 일어선다.

아직은 만상이 불안에 떠는 시각,
네 눈물 묻은 절절한 기도는
신비한 선율 나직이
여명의 터널 속을
바람처럼 지나고 있다.

깃발과 예감의 새

깊은 밤, 탈진한 영혼 치유하려는
네 고독한 열중과 눈물의 기도는
활활 타오르는 신앙의 불꽃이다
금빛 화살보다 빠르고 강하게
무한의 자유 공간을 향한
페가수스(天馬)의 경쾌한 질주는
풀꽃 흔드는 바람보다 자유롭다.

최후의 빛날 내밀한 言約을 위해
'믿음 · 소망 · 사랑'의 교훈으로
진리 일깨우는 투명한 음성에
은설 묻어 있는 내곡의 솔숲은
목숨의 파도 밀어 올리는
푸른 몸짓으로 끊임없이 뒤척인다.
도전해 오는 세기의 격랑 헤치고
하늘 끝자락 비상하는 예감의 새는
오늘도 오만을 거부한 겸허함으로
세계 경영의 존재로 자리하나니.

일상의 사유도, 살갗 찢는 좌절도
꺾임 모르는 올곧은 집념과 패기로
율동을 정지한 마스트의 깃발은
네 피멍든 손에서 잘게 찢기고
저토록 *海洋*은 지성과 낭만으로 격동한다.

반란의 몸짓과 충격

공기보다 가벼운 인간의 모의와
무모한 생존으로 향한 출구 앞에서
늙은 돌배나무 뿌리 채 뽑아내는
자연의 분노, 반역의 몸짓을 읽네.

거대한 태백의 등줄기 꺾여 나가고
'루사' 의 잔인한 발톱에 찢겨나간
장현동과 동막 저수지의 현장 앞에서
삶의 터전을 잃은 어진 이웃들은
한순간 통곡도 강탈당한다.

자연의 理法 거슬린 인간의 오만에
가이아가 펼쳐 보인 경계의 華嚴,
母川回歸를 위한 자잘한 몸짓 앞에
공룡처럼 골격 드러내고 너즈러진 철탑,
휴지처럼 구겨진 교각 밑으로
레미콘의 잔해 처절하다.

무참하게 잘린 대관령의 허리춤에
반란처럼 홀로 핀 개불알꽃,
색깔 없는 존재의 사라짐일지라도
소중한 목숨의 실타래에 얽힌
봉사의 손길은 감동의 서사시다.

수마가 핥아 상처 깊은 곳,
산사태로 묻혀 버린 퇴곡리의 산가
지붕 위에서 옥수수 씨알 고르는
노파의 손등 위 투명한 눈물은
초가을 햇살에 칼날처럼 푸른 데
끈끈한 목숨의 집념 놀라워라.

※ 시작 메모

황량한 겨울 들녘을 거닐다 보면, 아직도 태풍 루사가 핥고 간 상처가 너무 깊다. 컨테이너 박스에서 삶을 연명하는 우리네 이웃의 슬픈 현상이 가슴을 아프게 한다. 그 가운데서도 지난 늦여름, 산사태에 묻혀 버린 함석지붕 위에서 옥수수의 씨앗을 고르던 노파의 손길이 연상되는 것은 끈끈한 우리네 목숨 같아 투명한 눈물을 오늘도 자아내게 한다.

생명나무와 십자가
–선교의 요람, 영광의 터전에

섬섬한 햇살 속 순백의 깃털도 가벼웁게
교회당 종탑 위로 하강하는 비둘기 떼
너무 정경이 평온해 가슴 뛰는 생동감이다.
격랑의 20세기 초입인 1901년 5월
푸른 동공의 하디 선교사에 의해
하슬라의 명주동 초가 8칸에서
봉헌된 예배는 은혜의 강물, 감동이었지.

암울한 일제 강점기의 그 치욕 앞에서
안경록 목사의 부당함에 맞선 항거는
골마다 피 묻은 태극기의 물줄기 굽이쳐
날 푸른 민족의 자긍심 곧게 살려내고
금학동 92번지 신앙의 요람, 쟁쟁하던
자유의 투혼은 눈부신 결속으로 엮어져
그날의 심장은 아직 펄떡이고 뜨겁다.

둥둥, 逆派 찢는 동해의 일출 장엄한데
전화의 참담 속에서 조상들의 유산은
고귀한 주님의 형상과 생명나무의 푸른 잎
정녕 금빛 화살촉보다 강한 신앙이었다.
태백의 등줄기 뻗어 내린 유년의 산자락에
구원의 십자가 움켜잡던 피멍든 두 손과
전도자의 부르튼 발, 눈물 묻은 찬송은
천상의 궁전에 깨끗한 영혼을 쏘아 올리고

새털구름도 경포호에 갈앉은 맑은 한낮에
포남 솔숲의 성전은 한 폭의 풍경화로 채색되고,
'사랑 · 봉사 · 감사' 로 확정된 사역의 틀에서
심령의 상처 治癒하는 배려의 큰 삶과
이 땅의 복음화와 세계선교로 불타는 일념에
성령의 은사 철철 철 넘쳐나는 '그리스도의 집'
아흐, 영혼의 축복은 다함이 없네.

천년의 바람과 대종

흑암 깨우는 강의 유속으로
저리도 역사의 문 흔드는 진동은,
천길 꿈속 산자락 멀리
맑고 푸른 종소리로 탄생해
강릉인의 창조적 힘을 탄주한다.

둥둥, 붉은 해 밀어 올리며
동해의 파도 위 질주하는 파장은
한순간, 백두대간의 등줄기에
초목과 새의 노래 살려내고
번영과 안녕 절절이 소망하는
천년의 바람, 두 순백의 공명은
정녕 우리네 화합의 춤과 불꽃이다.

푸드득 북녘 하늘 끝 날아오름과
임영대종의 가슴 찡한 큰 천둥은
이 땅의 영광, 융성의 눈부신 약속.
두 팔 벌려 기지개 다시 켜는
민족의 자존, 불멸의 혼이다.

풍경과 응시

千年, 혹한의 칼바람에
여린 살갗 찢기어
선혈이 묻어날지라도
푸른 생명으로 뿌리내린
화부산 정든 향교의 넓은 뜨락에
진리의 램프 밝힌 손,
교가의 선율 아직은 뜨겁다.

靑魚의 반짝이는 등 비늘에
부딪치는 可視光線,
열린 세계로 향한 축일의 노래는
인고의 땀 철철 쏟으며
깊은 밤, 휴식을 외면한
강인한 순백의 열정은
꺾임 모르는 집념이거니

하늘 끝 치달아 오르는
더 큰 자유 위한 높은 이상은,
곧은 정의와 지인용의 큰 가르침.
높은 산성의 깃발을 응시하되
나직한 통곡 은밀히 감추며
두 팔 벌려 안으시는 온유한
어머니의 憂愁 깊은 얼굴
조금은 찬찬히 눈을 뜨고 보아라.

새해의 약속

붉은 해 수평선 위로 불끈 치솟고
일순, 갈매기의 나래 짓 황홀하다
은빛 파도 충일한 푸른 동해는
신선한 생명의 아침 흔들어 깨우고

천년 물안개에 젖은 대관령은
수초 돋아난 경포호반에서
녹색도시의 밑그림을 채색하고,
겨우내 절망의 비늘 떨어내던
어제의 열중과 집념, 빛나던 약속
와락, 살아나 가슴은 찡하다.

뒤척이며 부서지는 파도성의 미감은
혼탁한 의식을 말끔 씻겨내고
가장 생명율 있는 선율로 환생해
무지한 자에게 금화 같은 깨우침을
가난한 영혼에겐 소망의 말씀을
은총의 강물로 철철 쏟아주는
엄숙한 작업은 목숨처럼 소중하고

따뜻한 가슴의 이웃이 모여 사는
물빛 고운 이 축복의 땅에,
어둠과 입맞춤하던 푸른 월광은
둥둥, 붉은 태양에 전의를 잃고
피 멍든 손으로 영혼의 닻줄 당기며
역사를 창조하며 잘잘 맑은 요령 흔드는
고귀한 그대, 불굴의 투혼에
하늘 땅 충만한 축복 있으라.

바 람

곤핍한 내 영혼이
상한 갈꽃처럼 쓰러져 누운
혼탁한 세기의 늪에
푸른 월광은 쏟아지고

깊은 밤, 불 꺼진 창 두드리며
눈물 묻은 상기된 볼에
감미롭게 입맞춤하는
긴 머리칼 날리는
얼굴 없는 당신은 누구시나요?

동해, 그 아침에

살 속에 저며 오는 바람이어도
새벽 강물 흔들어 깨우는
조잘조잘 청아한 새들의 律調
새날의 태양 두둥실 눈부신데
산빛 푸르고 아름다워라.

아직은 인적 끊겨 황량한
물빛 고운 강문의 해변
풀꽃 내음 그 유년의 꿈은
항상 가슴 시리도록 자리해 있다.

부딪기는 세월의 격랑에
잊었던 기억 흔적 씻겨나
비밀스런 사랑의 상흔도
방울방울 투명한 눈물에 젖고

충일한 생명감을 위해
오늘도 가슴 앓는 동해는
날(刃) 푸른 파도로 살아나
잠든 영혼 하얗게 눈 뜨게 한다.

漁 夫

내 안에 타는 격정의
불길 가르며 찢으며
검푸른 물결 위로
붉은 햇덩이 불끈 솟아오른다.

한 날의 어둠도, 증오도
깨어나는 맑은 종소리에
가닥가닥 잘게 풀어지고

눈부신 햇살 돋아나는
海松의 가지마다엔
따뜻한 체온으로 다시 사는
이 한 순간의 정지된 진동
떨리는 生命感

종파 빗기 차고 비상하는
갈매기의 나래 짓 황홀한데
오늘도 목숨의 바다로 나아가는
빛과 바람에 그슬린 검은 육신의
눈빛 번쩍이는 젊은 그대에게
만선의 축복 있으라.

새

역풍 가로 질러
하늘 끝 높이
찢긴 나래 쉼 없이 퍼득여
최후의 한 순간까지
숨 가삐 비상하여라.

이 좌절과 구속의
처절한 목숨의 바다에서
팽팽한 시위 튕겨나간
화살보다 빠르게
영원한 자유공간을 향해
엄숙한 종탑 위
날아올라라, 새여

잠

나직한 해조음 뿌리며
항시 찢기고 부서지며
발끝 적시는 세월의 물발

하찮은 삶의 일상에서
바닷새의 깃털처럼
하얗게 일어서는
삶의 고뇌 어이 할거나.

손 없는 바람 앞에
어둠 밝히는 촛불 흔들리는데
한 반은 눈물이고 후회이던
세상 아픔도, 피곤한 의식도
깊이 모를 망각의 세계로 추락하고

의 미

가로등 불빛 흐르는
여름밤의 폭우 속에서
여행 뒤의 피곤도
말끔 털어낸 너는
오랜 날의 연인처럼
그렇게 하얀 손을 내밀었다.

커피 향 잘게 흩어지는
江門의 찻집에서
일상에 관해 들려준
너의 낯선 언어

눈부신 고뇌는
물기에 젖은 해조음의
감미로운 선율로 돋아나
가슴에 저며 왔다.

창밖엔 그 날의 아픔처럼
빗물 묻은 어둠 나리는 데,
찻잔에 짤랑이던
너의 투명한 음색,
티 없이 밝게 웃던
표정 너무 또렷하다.

지울 수 없는
기억 흔적은
내 마음에 타는 불
만월처럼 커 가는
또 하나 삶의 의미다.

예감의 새. 1

겨울 눈바람에 살갗 찢기며
살 속으로 파고드는 불볕에
수액을 빨리며
절절한 고통을 참고 이기어
거목으로 뿌리내린 너 자랑스럽다.

하늘 끝 뻗어 올린 푸른 잎가지
태백의 산줄기 나래쳐 온
예감의 새들은 날아와 깃들고,
인고의 땀으로 피워낸
붉은 꽃송이 아름다워라.

세상의 모든 이가 가져야 할
믿음, 소망, 사랑의 말씀이
늘상 자리해 있는 곳,
가장 슬기롭고 축복받은 자들은
주님과의 만남으로 하여
깊은 밤, 깨어 일어나
가슴 저리도록 영혼의 닻줄 당긴다.

푸른 하늘로 飛翔하는 예감의 새
뜨거운 핏맥 펄떡이며
찬란한 새 역사의 문을 열라.

예감의 새. 2

잔잔한 물안개 속에서
현현하는 숲속의 아침에
예감의 새는 비상의 나래를 편다.

소중한 언로의 소통을 위해
그토록 피멍든 가슴으로
새벽을 열려고 온밤 지새우며
질곡의 늪을 건너던
시인의 깊은 뜻과 눈부신 의지는
고독한 눈물에 젖나니.

아, 창을 열면
쏟아지는 천년의 햇살
하슬라의 땅 가득 출렁이는데,
오만과 편견에 몸담지 아니하고
붉은 입술에 영혼의 노래 담아
불의와 혼돈에 끌려가지 아니하고
그 세월 한결같이
나직한 통곡으로 울어주던 이

최후의 빛날 아침을 위해
물 위에 평온주신 크신 이의 손
하늘 끝에서 바람처럼 현현해
그대 아픔이 머문 부위 치유하리라.

들 꽃

한 올의 바람에도 놀라
수줍어 볼 붉히며
풀 섶 바위틈에 은밀히 숨어
기다림의 진한 눈물
섬세하게 피워내는 산색시야.

멧새 울음도 끊긴
적막한 고원에서
물안개에 촉촉이 젖은
여린 꽃술 밀어 올리다가
살포시 이우는
네 가녀린 목숨의 비늘
정녕 아는 이 있을까.

낮달이 숨은 원시의 숲에서
나직한 통곡으로 흐느끼며
꽃비늘 뿌릴지라도
끝내 슬기롭게 일어서서
황금의 램프 가지마다 켜들고
햇살 속에 다시 사는
네 깨끗한 미소는
가장 황홀한 순수의 몸짓이다.

인연. 1

풀꽃의 이슬처럼
청초한 신부의 두 볼
너무 고와 눈부셔라.

하늘 맺어준
인연의 매듭은
千年 푸른 바람의 목숨으로
늘상 깨어 있는 영혼,
행복이 꽃피는 나무
다함없는 사랑이네.

인연. 2

아직도 뜨겁게
내 안에 타오르는
人慾의 불,
목숨의 세월이여.

봄산 휘감는
신비한 물안개처럼
질긴 인연의 실타래

실로 아름다워
슬픈 기억 흔적은
아직도 투명한 눈물.

오후의 교정

여름 한낮의 빈 교정에
저리도 펄럭이는 태극기
바람에 잘게 흔들리는
풀잎의 그림자
내 초상처럼 외롭다.

파르르 떠는 들풀을 향해
횟수가 잦게
원을 그리는 잠자리의 비행

오늘도 삶의 고뇌
손톱처럼 커 가는
내 의식의 공간엔
눈물 같은 슬픔 하나
꽃물진 노을 속에 잠긴다.

절망의 끝에서

만상이 신비한 흑암 위에
곤핍의 나래 드리워도
눈부신 내 님의 약속은
살 저미는 혹한 속에서
방울방울 투명한 눈물의
큰 감격 안겨준다.

저토록 상처 입은 영혼에
항상 상흔으로 자리한 고뇌,
목숨의 바다에서 날아오르며
세월의 물살에 씻기어도
예쁜 입 여는 새들의 노래는
정금의 햇살 잘게 흩어지는 아침에
환희의 춤이 되고

세상적인 허물 벗으려는
나직한 통곡 뒤에
푸른 목숨의 비늘 돋아나는데,
놀라 뛰는 가슴에
전율처럼 저려 오는 충만감
생명율은 자유롭게 피어난다.

처절한 절망의 끝
오늘도 피 흐르는 심장 치유하려는
크고 부드러운 당신의 손
너무 깨끗해 눈물에 젖고

蘭香에 취하여

한겨울 산자락의 눈꽃 밑,
胞衣에 쌓여 숨죽이다가
여린 새촉 애처롭게 피워내며
실핏줄의 꽃대 힘겹게 밀어 올린
중투화의 형상은 눈이 부시다.

변형 추구하는 깊은 밤의 고뇌,
너무 맑고 투명해 눈물 묻은
山斑의 청초함 못 미쳐도
저토록 黃花素心 뿜어낸
감미로운 향내 어리면,
가슴에 끓어오르는 분노도
한 순간 평정을 회복하고

청정하고 지순한 자태로
숭고한 아름다움 피워 올린
사군자의 표징, 茶香 묻은
찻잔에 난의 향 가득하다.

춘삼월의 시간대일지라도
寒氣 바람결에 잘게 부서져
뼈 속으로 파고드는데,
색 대비가 또렷한 중압호의
향내음에 취해 감기우는 눈
아이 수줍어 어이 할거나.

어머니의 교훈

지혜로운 朝鮮의 어머니는
목숨처럼 소중한 아이가 입을 열어
말을 배우기 시작하면 맨 먼저
겨레의 혼인 한글을 깨우치게 하고
신라 천년의 古都, 서라벌과
5천년 역사의 맥이 굽이치는 漢江이
조국의 큰 강임을 가르친다.

지순한 이 땅의 어머니는
사랑하는 아이가 자라
血肉의 의미를 깨닫게 될 때면
대한민국이 한반도의 이름이며
태극기는 겨레의 표징이라는 것과
동해물과 백두산이로 시작되는 애국가를
목이 쉬도록 가르친다.

한 순간 모든 것이 무너져 내린
조국의 참담한 현상 앞에서
피멍든 손으로 영혼의 닻줄 당기는
어머니, 당신의 이름을 나직하게 불러도
억장은 내려앉고
뜨거운 눈물이 울컥 솟아난다.

'아들아, 좌절하지 말고 다시 일어나
환상을 보라' 며 저토록 비통 속에서
세기의 강물을 깨우시는 눈부신 음성
무한의 자유 공간을 향해
하얗게 비상을 시도하는 갈매기,
불끈 치솟는 장엄한 태양
정녕, 건강한 이 땅의 아침은 밝아오고.

흰돌의 肖像

불끈 치솟는 일출의 畏敬에
깃털 하얀 갈매기는 천상을 겨냥해
일제히 수직으로 튕겨 올라
강릉의 봄바다 위로 비행하고
깊은 휴식과 언어의 비늘로 채색된
흰돌의 초상은 어제의 약속처럼
識別의 체온 남아 있어 따뜻하다.

용강동 옛 교정의 한 때
펄떡이던 젊은 심장마다
꿈의 날개 달아주던 투박한 음색은
아직도 충격 안겨주는 생명율이다
교모의 모표처럼 반짝이는 열망
'아하 큰 얼굴이 되고 싶다'

이 시대의 마지막 휴머니스트로
〈눈의 작업〉으로 대지에 뿌리내린
淸淨한 생명의 나무,
이 땅의 영원한 산꾼인 당신은
몇 번이고 下山酒 꿈꾸던 삶의 존재

허허 큰 웃음의 잠언으로
흉허물과 증오 삭이고
몸소 근검의 교훈 보이시던 이
깊은 밤, 나태함 경계하며
따뜻한 감성으로 후학의 피멍든 손
항시 잡아준 어진 스승.

『감자 꽃 태산』은 산 그림자에 묻혀
'鶴도 떠나고 그도 떠난' 황혼,
천년 물안개에 촉촉이 젖은 대관령은
흰돌의 초상이 발신하는 하직의 교신에
아아, 낯익은 풍경으로
뜨거운 눈물 속에 다가온다.

나뉨의 아픔

지혜의 신 오르페우스처럼
짙은 어둠 속에서도
생기 잃은 당신의 창백한 얼굴
하나 볼 수 있는 눈이 있다면
가슴에 묻은 또렷한 눈물의 흔적
말끔 지울 수 있을까.

한 순간 불타는 거대한 단풍 숲도
네 설운 눈물에 어리고,
손끝 닿을 듯 창가에서
항시 출렁이는 大洋은
한 올 목숨의 실타래 풀어낸다.

날푸른 월광에 두 눈감아도
살 저미는 솔베이지의 선율에
얼굴 묻고 흐느끼던
고뇌에 찬 너의 표정
별리의 아픔 너무 커
깊은 밤, 못내 잠들 수 없다.

예감의 새는 무덤을 만들지 않아

깊은 밤, 탈진한 영혼 치유하는
네 고독한 열중과 절절한 소망은
생명의 불꽃으로 활활 타올라
금속 화살보다 빠르고 강하게
무한공간을 향해 일어서는
풀꽃 흔드는 바람도 평온하다.

흑암 깨우는 투명한 새들의 음조에
銀雪 묻은 內谷의 솔숲
일순, 거친 몸짓으로 서걱여도
아직은 맹금의 제왕 독수리가
높은 바위틈에 둥지 트는 까닭이나
동굴 속 예감의 새가 울음 멈추고
깃털 뿌리며 무덤을 만들지 않는
그 의문 명쾌하게 해명할 수 없네.

도전해 오는 세기의 격랑 헤치고
하늘 끝자락 향해 날갯짓 반복하며
금빛 햇살 쪼아대는 고동색 부리
혹한의 계절 초입에다가
불멸의 노래 비수처럼 숨겨 놓고
율동을 정지한 마스트의 깃발처럼
폭풍전야 고요로 빛나는 서 침묵
迷惑 같아 정녕 알 수 없네.

깃발과 새

네 탈진한 영혼에 생기 밀어 넣는
고독한 눈물의 기도와 열중은
활활 타오르는 신앙의 불꽃이다
화살보다 빠르고 강하게
무한의 자유 공간을 향한
페가수스의 경쾌한 질주는
풀꽃 흔드는 바람보다 자유롭다.

최후의 빛날 言約을 위한
무너짐 모르는 깃발처럼
진리 일깨우는 투명한 표징에
은설 묻어나는 내곡의 솔숲,
푸른 지성과 낭만의 불덩이
온 밤 젊음의 몸짓으로 뒤척인다.

도전하는 세기의 격랑 가로질러
하늘 끝 비상하는 새들의 작위는
무지를 거부한 치열한 존재로
일상의 사유도, 살갗 찢는 좌절도
꺾임 모르는 올곧은 집념에
율동 정지한 돛대 끝의 기폭은
네 피멍든 손에서 잘게 찢겨나고
일순 파도는 목숨의 생리로
날치처럼 청비늘을 반짝인다.

어둠의 門 앞에서

살 저미는 겨울바람에
제야의 종소리 잘게 부서지는 지금,
어질고 우직한 우리네 치열한 삶과
靑苔처럼 돋아난 고뇌의 비늘들
반짝이며 점멸한다.

해저로 갈앉는 세기의 어둠
숨죽여 닫힌 역사의 빗장을 풀면
깊은 밤, 거대한 물줄기 쏟아내는
강의 울음은 산 그림자를 흔들고
장엄한 동해의 일출은 신비롭다.

암울한 역사의 시간대를 지나
방울방울 悔悟의 눈물은
열정적 삶을 겨냥한 혼불로
피곤한 영혼 겨냥한 절절한 기도와
힘차게 펄럭이는 깃발로 변형되고
문화의 충격 이겨낼 역동적 힘은
무지 일깨우는 잠언이다.

손이 깨끗한 그대의 이마에서
저토록 솟아나는 애씀의 땀
어제의 애증 말끔 씻기고
유년의 꿈자락 펄럭이는 남대천은
금산의 낯익은 山村 휘도는데
하늘이 너무 깨끗해 눈부신 날
순백의 갈매기 비상하는 천상
생명의 빛 충만하여라.

아파트 베란다의 꽃

가끔은 대관령 푸른 물안개
촉촉이 묻은 한 올 바람이거나
정금의 햇살 머물다가는
아파트 베란다의 열린 창에서
외출하는 나에게 하얀 손 흔드는
아내는 세월의 물발에 밀리면서도
저토록 풀꽃의 몸짓으로
내밀한 언어 신호처럼 교신한다.

草堂* 선생의 서재에서 훌쩍
나의 文匣으로 날아온 목각 원앙은
지난밤의 감미로운 입맞춤에
아직도 부리에 따뜻한 체온 묻어나고
상기된 두 볼 수줍어 붉다.

순결의 상징인 비둘기 떼
하얗게 날아오르는
무한의 자유 공간 가득
경쾌한 음조의 경적 울리며
오늘도 꿈을 싣고 삶의
포도밭 향해 발차하는
나는 행복한 기관사가 된다.

고운 눈가에 세월의 잔주름
물의 파장처럼 흔들리는 아내
春蘭의 꽃잎 위 맑은 햇살은
저토록 열린 베란다 창가에
사선으로 쏟아져 눈부신데
그네의 고뇌와 환희는 그렁그렁
살 저미는 눈물이 된다.

※草堂-한국예술원 회원인 辛奉承 시인의 아호

바람 앞에서. 1

실체를 顯現하지 않으면서도
온 몸으로 흐느끼는
바람의 통로를 시야가 흐려
비록 볼 수는 없지만
나뭇잎 조잘거리는 律調에
하나의 작은 우주가 흔들리는
현상을 접할 수 있다.

만상이 숨죽인 시각,
삶의 일상에서 시선 돌려
북으로 열린 창밖을 보면
비수처럼 섬뜩한 월광에
저토록 우-우 청송의 가지
잘게 흔들며 부딪치는 바람의
물안개 묻은 손과
긴 머릿결 잡을 수 있다.

한 올의 바람 자락에
어디 흔들리는 것이
환히 열린 우주뿐일까
피곤한 일상의 사유도
빛나는 순수한 영혼도
도도한 격랑의 물줄기도
우리네 삶의 흔적 같은
여린 풀잎도 그러하리니.

바람 앞에서. 2

암울한 幼年의 그림자
생명의 날(刃) 파란
바람에 찢기어라.

불안하던 침묵의 계절
얼음 江 밑 흘러
그토록 꺼져가던 자유의 빛

새 筍으로 돋아나는데,
그대 눈빛 사이로
다가서는 일상의 흔들림

항상 온 몸의 털어내는
동해의 충일함으로 內谷의 솔숲
진리의 언어 빚어내는
절절한 당신의 음성

믿음, 소망, 사랑이
눈부신 목숨으로 부활하는 아침
열림 우주를 향해
장년의 열정을 불태우며
갈기 세워 질주하는
네 장한 意志
항시 어둠 깨우는 나팔수로
미래에 살라.

홀로 있기. 1

오늘도 잔기침 뱉으며
침몰하는 일몰의 관절 속으로
일상의 자잘한 피곤함이
물먹는 하마처럼 젖어온다.

우주를 관통하는 금속의 파편,
목숨에 대한 끈질긴 집념에
우리네 침상의 가벼운 담론은
풀꽃 흔드는 바람의 떨림으로
새 筍 밀어내는 간교함이라니.

늙은 붉나무의 가지 끝
영양실조로 창백한 心象은
반란처럼 홀로 핀 개불알꽃
그 실체의 사라짐으로 하여
색채 불투명한 그림자와
뜨거운 이마 맞대고 있다.

홀로 있기. 2

홀로 있기는
자기 파멸의 고독이 아니라
내적 充滿이며
은총의 눈부심이다.

홀로 있기란
비열한 이기심이 아닌
항구에 닻 내린 영혼의 안식이며,
증오심이 잘린 경계의 허물기로
내부의 벽 털어내는 작업이다.

바로 그 물음의 해답은
상생의 원리에 뿌리내린
사유의 대양에 몸을 던지는 도전

진정한 個我로부터의 탈출이며
내 안의 세상 욕망
활활 불태움이다.

남녀상열지사 抄

소음 끊긴 우울한 도시의
푸른 밤안개 사이로
빌딩 숲에 저마다 걸려 있는
명도가 틀린 거대한 네온에
물상의 초점은 흔들리고
유년의 기억 점멸한다.

꽃잎을 먹고사는 기관사도
긴긴 겨울밤 숙명처럼
타오른 욕정 삭이며,
눈물처럼 아련한
옛정에 머리 묻고
서러운 한 때의 풍경처럼
허벅지 난자하는 여인네는
더 이상 없다.

손가락 사이로
목숨의 금빛 모래
쉴 사이 없이 빠져나가고
돌무덤이 활짝 열리는
부활절 아침에도
젊은 연인은 난자당하고

운행 중 승객이
강도에게 살해당했다는
너무도 충격적인 뉴스
택시 기사의 자작극
항거하듯 일제히 일어서는
풀꽃들의 혼란스런 반란.

의식의 외경
– 침묵, 느낌, 냄새

아침 안개, 스멀스멀 거미의 손놀림에
거대한 철탑 위로 기어오르고
무감각한 빌딩의 스텐래스 벽면에
斜角으로 투사되는 가시광선,
햇살의 비늘 반짝이는 강의 하구
온통 작은 뇌의 깊은 곳은
모세혈관으로 발아되는 현기증이다.

재건축 공사장의 혼란스런 외경,
늑골이 내려앉은 공룡의 화석처럼
아직은 피 젖은 입술 따뜻한
패대기쳐진 젊은 목숨의 주검 앞에
손 없는 바람은 긴 머리칼로
가닥가닥 슬픈 현을 뜯어낸다.

무거운 저 침묵 뒤의 느낌
울컥 메스껍고 찝찝한 냄새,
한순간 죽음의 충격과 전율에
비릿한 선혈은 검은 아스팔트 적시고,
비상 출구 잃은 노숙자의 그림자
잔인한 문명에 저격당해 참혹하다.

스타카토로 차창에 두개골 부딪히는
초여름 오후 빗방울의 步行
불안한 꿈에 육신은 땀에 젖고
내 의식의 파상은 투병 중이다.

산과 적요, 그리고 풍경

노을 붉게 물든 귀향길 아득히
촌락의 굴뚝마다 저녁연기 오르고
송아지 울음에도 흔들리는 풍경
절로 눈물 어리네.

산열매 따 던지던 유년의 기억
호롱불 밝히던 어머니의 검은 머릿결,
골 깊은 주름에 세월은 덧없어라.

산 그림자 길게 누운 동구 밖 멀리
바람에 서걱이는 댓잎소리 느꺼운데
여울에 씻긴 달빛 눈물처럼 투명하고
산의 적요는 비에 젖어 서럽다.

투영, 그리고 환상

절절한 고뇌와 통한에도
무관심인 거대한 도시 공간은
늙은 賢者인 듯 무표정하다
겹겹의 불신으로 호흡기는 막혀
그림자는 결별의 교신이 없다.

한순간, 육감적인 빌딩 숲은
꽃과 새, 그리움의 형상 잘라내고
불온한 밤은 혀를 날름거리며
여린 순수 유혹의 올무로 묶어
모의와 파멸, 매혹으로
영혼에 깊은 문신을 새긴다.

들까마귀 퍼덕이는 기억 흔적에
공기보다 가벼운 깃털로 장식한
화려한 외출 꿈꾸는 일상은
한갓 허망한 욕망의 덫일 뿐,
최소한의 생존으로 향한 출구는
감성적인 반응으로 단절되어
층층이 환상 속에 잔해 남기고
극도의 비탄함 객혈처럼 토해낸다.

얼굴 없는 바람은 원을 그리며
긴 머리카락 올올 紙鳶 날리는데
검은 란제리 속의 젖무덤은
붉은 입맞춤에 묻어나고
깊은 밤, 저렇게 미칠 수 있다.

여우야, 뭐하니

은자의 나라에 어둠 깨우는
아침의 태양 장엄하고
자유가 충만한 이 땅에
펄럭이는 저 깃발
흰옷의 숨결로 부활한
겨레의 투혼이다.

산자락 휘도는 범종의 선율은
푸른 하늘 멀리멀리 날으고
역풍의 가르는 바람의 날갯짓에
목숨의 불꽃은 온 세상 활활
산 여울은 신선한 감동 자아내고

풀잎 위 맺힌 아침 이슬에
정금의 햇살은 너무 투명하고
심장에 훈장처럼 빛나는
목숨과 자유의 함수
綱常과 倫紀 맥맥한
백두대간은 깊은 안개에 잠긴다.

산과 열차

長白의 폭포에서 뻗어 내린
한민족의 웅혼한 기상이
혼탁한 의식 맑게 씻어주는데,
하늘을 맹금에게 내어주고
세월을 달리는 열차
차장은 창가를 기웃거린다.

청산의 물안개 속에서
네 의연한 함묵에 언어를 잃고
우리는 승객이 되어 불안하다
어디로 흐르는 것일까
간이역 이름이 안내된다.

거대한 산 끌어당기는 고독
볼 붉은 단풍의 그림자에
부끄러운 속살 드러낸 바위
여울목의 물살에 씻기 우고
열차는 시간이 흘러도
종착역에 도착하지 못하고

이 묵직하고 음침한 탄력
알라스카의 빙하처럼
쓸쓸한 형용사에 영혼이 갇혀
꼼짝할 수 없는 이 조급함.

눈부신 약속

오세암 건봉사 갈마들며
강인한 지조로 한 올의 黑風도
장삼자락으로 훠이훠이,
참담한 세기의 늪 휘젓는
萬海의 섬직한 음성은,
백담사 만종 소리에 서슬 푸르다.

원시의 신비로 불타는
거대한 외설악 단풍 숲은
온 몸으로 민족에게 받친
날 푸른 님의 沈默 앞에
만추의 붉은 꽃잎 토해내고,

촉촉한 물안개 휘감은
봉정암의 그 돌길 휘젓는
골골 흐르는 맑은 산 여울,
죽음의 그림자 묻어 있는
작은 새의 깃털 씻어준다.

바람 끊긴 산자락에
저토록 쟁쟁한 님의 음성은
압제의 칼날 토막 내고
낙조가 투신하는 강물 위에서
환하게 미소 짓는 님의 형상
그날의 날카로운 첫 키스처럼
감미로워 눈 감을 밖에 없네.

세 월

흑암의 비늘 부리로 톡톡 쪼아내며
새벽잠 깨우는 검정 물총새 암컷,
청색 선명한 浮草의 핏줄은
일제히 수면 위로 하얗게
실타래의 뿌리 잘잘 풀어낸다.
한 올의 바람은 수면에 파장을 긋고
아침 공기는 풍선보다 가볍게 퉁겨 오른다.

금빛 화살처럼 못가를
비행하는 한 떼의 해오라기,
약속이나 한 듯 날개를 접고
일제히 수직으로 하강한다
물의 주름보다 자잘하게 떨리는 파상

뒤뚱거리며 오늘도 운명처럼
분홍의 맨발로 물가나 맴도는 오리
언제부터 강의 흐름 같은 세월의 징표로
쓸쓸한 일몰에 손톱 키우는
고독한 형상의 그림자가 되었나.

후 회

청초한 꽃 꺾으려는
무모한 행위 앞에
한 가닥 나의 신앙과 인격은
제발 그러지 말라고 한다.

마침내 잔인한 손끝에
연약한 꽃은 꺾이어
일순 향기도 생명감도
바람에 실려 흩어지는데,

사랑은 無所有에 있다는
님의 말씀 외면한 지금
시들어 움추린 꽃잎 위에
비로소 깊은 한숨 묻은
후회의 눈물방울 떨어지네.

柏香木과 비둘기

지금은 황금종 짤랑이는
푸른 생명의 로고스가
얼어붙은 단절의 벽을 헐고
백향목 가지 잘게 흔드는 시간

태초의 붉은 해 덩이는
등비늘 번쩍이는 종파 찢으며
저토록 무한의 환희로 일어나
우리네 피곤한 병상에서
고뇌와 불안의 비늘 떨어내고

가장 정갈한 은총의 햇살로
'천국이 가까이 왔다' 는
메시아 천년의 눈부신 약속은
개선의 깃발 펄럭이며
복된 자의 감미로운 찬미 탄주한다.

네게 들려 줄 내밀한 언약 있다는
낮고 부드러운 음성에
작은 가슴은 놀라 뛰고,
깨끗한 손으로 천국 문 열어
영혼의 상처 치유하며
구원의 나래 펴신 님의 사랑
너무 황홀해 눈감을 밖에

골고다 형틀에 육신 찢긴 님이
흉물스런 까마귀인 나를 보고
하얀 비둘기 되라 명하시면
돌벽에 머리 찧고 殉名하는
노 사제처럼 선혈 쏟을지라도
까만 깃 모다 뽑아버리고
피 묻은 심장 드리겠어요.

환희의 춤과 노래

비록 년 수의 자랑은 수고와
이 땅의 애씀은 슬픔이라지만,
세월은 산모롱이 휘도는 여울처럼
청초한 풀꽃의 아침이슬 말리는
바람처럼 신속히 흘러가고

잠시 헛된 우리네 삶은
눈물 묻은 나그네 길이다
깊은 밤, 눈감지 않고
항시 환난의 시침을
감사와 은총으로 변주시킨
환희의 박수와 춤이 있어
목숨의 시간은 실로 존엄하다.

오늘은 노래와 꽃, 기쁨이
강물처럼 충만한 축복의 날,
당신의 주름진 이마 위에서
눈부신 광채 쏟아내며 빛나는
백발은 영화의 면류관,
실로 아름다운 표징

때로는 손등이 얼어 터져도
가난한 영혼의 닻줄 당기며
꺼져 가는 숨결 위해 눈물 감추며
홀로 말씀에 의지해 살아온
가슴 저린 고뇌의 세월

살 에는 혹한의 바람 앞에서
그토록 순수와 오직 의로운 길
치달으며 달려온 당신의
심장은 아직 뜨겁다.

이제 고희의 여울목을 지나
와락 안겨오는 네 짐은 실로
가볍고 존재의 의미가 있어
축일의 노래 쏟아 내리다.

항구에 닻을 내리고

하늘의 영원한 처소를 향해
최후의 숨결로 쏘아 놓은 화살처럼
수직으로 비상하는 순백의 영혼,
비록 자신 위해 碑木 남기지 않아도
목숨의 가지 꺾는 흑풍에
다만, 깃털 흘리는 한순간의 떨림이다.

역류로 생명의 강기슭 거슬러 온
욕망의 비늘들은, 너무 덧없고
아직은 미세한 어지럼증에
가닥가닥 일어서는 모세혈관
닿아야 할 물안개 속 포구 아득한데

크신 님이 허락한 빛의 장막에
한 올의 탄식과 마른 강바닥처럼
단장을 끊는 이별의 아픔이거나
눈물의 흔적은 없어야 한다.

비록 한 반은 격랑에 부딪끼고
줄기 꺾인 水草처럼 쇠잔하여
일제히 형체 숨기는 육신이거나
응시하는 동공은 피곤하여도

이제 살갗 찢는 치열한 일상에서
잠시 혼돈의 항해 멈추어야 하고,
천년의 만남이 허락된 天上에
안식의 닻을 내려야 한다.

세상적인 옷 벗어버리고 생명이신
크고 깨끗한 그 손 꼭 잡아야
'여호와 닛시' 일순 읊조리고
정녕 그 품에 안길 수 있다.

세월과 물총새

흑암의 비늘 조그만 부리로 톡톡 쪼아내며
새벽잠 깨우는 검정 물총새 암컷,
청색이 선명한 浮草의 엽맥은
일제히 수면 위로 하얗게
실타래의 뿌리 잘잘 풀어낸다
한 올 바람은 수면에 파장을 긋고
아침 공기는 풍선보다 가볍게 퉁겨 오른다.

금빛 화살처럼 빠르게 못가를
낮게 비행하는 한 떼의 해오라기,
저마다 약속이나 한 듯 일제히
날개를 접고 수직으로 하강한다
물의 주름살보다 자잘하게 떨리는 심상
바람이 젓고 간 뒤, 산정 오르는
구름에도 고개 까닥 흔드는 풀꽃
초침보다 잽싸게 기상하고

부챗살로 뻗어나는 가시광선에
눈부셔 졸린 듯 감기 우는 눈
목숨의 바다에서 새처럼 자유롭게
무한공간을 향해 비상하고 싶은
충동은 千斤처럼 무겁다.

오늘도 뒤뚱거리며 운명처럼
분홍의 맨발로 물가나 맴도는 오리
언제부터 강의 흐름 같은 세월의 징표로
황홀한 일몰에 손톱이나 키우는
흔들리는 고독한 그림자가 되었나.

모국어의 속살과 항변

늘상 책의 그늘은 넓고 크지만 해법이 선명하지 않은 영어몰입 교육정책의 늪으로 침몰하는 일상, '예술에는 국경이 없지만 예술가에게 조국이 있다'는 항변은 너무 퇴색해 창백하다. 절망의 끝이 보이지 않는 안타까운 시간대, '모국어는 안녕安寧한가?' 어설픈 담론은 공허하다.

피가 뜨거운 젊은 날의 청춘만큼이나 불타는 황홀한 일몰, 모국어의 속살 각인시킨 『등대지기』를 읽으면 눈물이 난다. 잠시 미끄러짐으로 침몰을 예방하며 피곤한 너와의 항해 멈추고 낯선 포구에라도 닻을 내리자. TV의 채널 끄고 주의집중에 몰두하면 파도처럼 푸르게 다가서는 스카빈스키의 독백처럼 "지금 그 모국어가 홀로 나에게로 왔다. 너무도 아름다운 그것이!"

아, 투명한 눈물처럼 빛나는 기억의 편린(片鱗), 그렇다. "한 민족이 노예로 전락했을 때 그 언어만을 지키고 있다면 감옥의 열쇠를 쥐고 있는 것과 마찬가지" 알퐁스 도데의 항변이다. 이 땅의 언어정책을 숨죽여 응시할 밖에 없는 현상에 저토록 살 저미는 바람의 칼날은 섬뜩한 데 하얗게 지새운 밤의 고뇌, 미세혈관이 막혀 저려오는 심장이다.

국어는 결단코 민족의 혼이요, 역사며 문화이기에 네가 이 땅의 당당한 시인이라면, 미래의 꿈인 우리의 아이들이 민족의 정서를 상실한 채 흔들림에 떠밀리어 정신적 공황에 추락하지 않게 활활 국어의 영혼, 깃발처럼 멍든 두 손으로 흔들어야 한다.

고정관념

사각의 입체로 무한의 공간 향해
우뚝 솟은 도시의 빌딩 숲
모자이크로 장식된 사각의 창틀 밖
온통 조각난 하늘이, 별처럼 총총하다.

원효대사의 큰 법문 예감하듯
바른 손 들라면 묵언의 저항인가
오른 손 치켜드는 까닭 모를 시행착오
한순간 변화의 물발 밀려와도
역설 묻어나는 곁눈질의 시간대

'千字文은 몇 자인가?'
선사의 일상적 물음에도
'천자, 세자' 로 답이 엇갈리는
삶의 무게만큼 갈등의 구도,
비상구가 차단된 인식의 벽
가정의 창을 깨여 부셔도
前意識의 반란으로
화석화된 관념은 모순이다.

목숨의 불꽃으로

맹금의 제왕 독수리처럼
하슬라의 땅, 초당골 솔숲
목숨의 불꽃으로 활활
하늘 끝까지 날아올라라.

물빛 고운 경포호반과
역풍 가로지르며 포효하는
날푸른 파도의 격정에
무거운 침묵 뒤의 느낌,
죽음의 냄새와
무게도 빛을 잃고

투명한 눈물로 반짝이는
소외된 자의 순수한 영혼에
주의 크고 부드러운 손
천상의 축복 허락하네.

대담

<나의 삶, 나의 예술>

영혼의 치유와 사랑을 위한 생명나무

대담 <나의 삶, 나의 예술>

영혼의 치유와 사랑을 위한 생명나무

대담 : 엄창섭, 카타리나(한국문인 편집장)
일시 : 2005년 12월 3일 오후 3시
장소 : 관동대학교 유니버스텔

"오늘 출근길엔 운전대를 동해 쪽으로 돌리고 싶었습니다."

몇 년 전 가을동화 속 만추의 캠퍼스에서 만난 노교수님의 말이 이맘때쯤이면 떠오르곤 한다. 그때 난 그 분의 가슴속에 채색되어 있는 가을이 내게로 확 달라드는 느낌을 받았다. 행간의 여백에서 느껴지는 분위기에 스스로 매료되었는지 모른다. 화자의 말 속에 보이지 않는 뜻과 의미가 이렇게 한꺼번에 선명하게 전달 될 수 있는 상대를 만난다는 것은 즐거운 일일 것이다. 사람들에겐 저마다 잊혀지지 않는 그리운 추억이 있고 좋은 추억일수록 또 하나의 좋은 인연으로 이어지는 경우가 많다. 우연은 필연을 만들고, 또한 의도적이지 않다 할지라도 인연은 값지고 귀한 일임에 틀림이 없다.

꼭 누구를 만날거란 예감도 없이 이 계절쯤 마음 머물 자리 하나 마련하기 위해 방랑의 길을 떠나보는 것은 어떨

까? 자유가 그리운 사람끼리 서로 비껴가도 철저하게 혼자이면서, 농익은 고독을 사랑하면서, 둥지를 버리고 나그네가 되어 보는 것. 끈적끈적한 바람이 어느덧 옷 속의 따스함을 앗아가는 기분 좋은날, 산이 깊고 물 좋은 곳의 정취에 흠뻑 취해 있는 시인 한 분을 만나기로 되어 있었다.

- 선생님, 반갑습니다. 건강해 보이시는데 요즘 근황은 어떻습니까?

며칠 후 민족시인 심연수 선양사업회 주관으로 심연수 추모의 밤 및 국제학술심포지엄이 있습니다. 그 일과 학생들 강의로 바쁜데 10월31일부터 11월6일에는 또 버마와 라오스에 다녀오게 됩니다. 계절의 문턱을 넘는 게 올해는 매우 버겁습니다. 그러나 바쁘다는 것 자체가 삶의 활력이죠.

- 제 사무실의 책상 위에 선생님의 시 〈因緣〉을 붙여 놓고 눈길 닿을 때마다 외워보고 있습니다. 그 인연이란 시가 오늘 선생님과의 인연을 말해주고 있는 것은 아닌지 모르겠습니다. 아무튼 인연은 그 시에서처럼 아직도 가슴 속에 활활 타오르는 격정의 불이며 질긴 실타래의 투명한 눈물인가 봅니다. 그래서 봄산 휘감는 신비한 물안개가 되기도 하고, 목숨의 세월로서 실로 아름다운 기억과 흔적을 남기지 않나 싶네요. 선생님께선 문학을 언제 시작하셨나요? 그리고 누구의 영향을 가장 많이 받으셨나요?

1958년경인 명주초등학교 시절에 영동지역의 학생실기대회 백일장(산문) 부문에서 〈어머니〉라는 제목의 글이 장원으로 입상되면서부터였어요. 그 후 강릉사범병설중학교와 강릉고등학교 시절에 국어선생님이셨던 흰돌 원영동 선생님으로부터 문학수업을 받게 되었지요. 고등학교 재학시절 전국 대학의 백일장이나 실기대회, 그리고 〈학원문학상〉을 수차에 걸쳐 받게 된 것은 바로 원영동 선생님의 도움이었어요. 당시 시인이셨던 원영동 선생님은 문예지『자유문학』 출신으로 제자들에 대한 사랑과 관심이 남달라 소설가 홍성암, 정명종을 비롯해 시인 갈정웅, 정태완, 경현수, 최승학, 박용래 수필가 고민자, 최학순 등 30여명을 직간접적으로 문단에 배출시키고 문학정신을 심어준 어진 스승이었습니다.

감성이 뜨거웠던 저의 청소년시절 문학에 영향을 가장 많이 끼쳐준 문인들은 앞에서 언급하였듯이 중등학교 시절에는 원영동 선생님과 강원지역 출신이며 독실한 기독교 문인이신 이성교, 황금찬 시인의 영향과 대학시절에는 문덕수, 이원섭을 비롯하여 김우종, 윤병로, 김구용 교수님의 지도와 영향을 받았고, 또 제게는 나무처럼 크신 그 분들의 가르침을 좋은 기억으로 가슴에 담아두고 지금도 항시 존경하고 있는 편이지요. 비록 제 자신은 스탈린 압제 하에서 희생된 천부적 작곡가인 드미트리 쇼스타고비치의 주장처럼 창의적인 예술가임을 자부하지는 못하지만, 그간의 정신적 결과물에 만족하지 않아 또 다시 새로운 작업에 착안하고 몰두하며 오랜 날 고뇌하여 있어요.

살아온 한 때를 뒤돌아보노라면 우리의 소중한 삶에 있어 특정한 이와의 필연적인 만남은 운명적일 수 있다는 사실을 확인하게 됩니다.

정랑(靜浪) 엄창섭(嚴昌燮) 시인은 인생의 길을 만보하면서 영혼의 계단으로 상징되는 도시의 산동네 뒷골목과 대관령의 향수어린 산자락을 오늘도 힘겹게 오르고 있다. 젊음의 추억이 지난 세월의 뒤안길에서, 낮음에서 높이로 변한 자화상을 뒤돌아보면서 새로운 의식의 행적을 집산(集散)하려 한다. 그의 분망한 삶의 흔적은, 지난 시간 자국의 영적 상승 및 하강을 위해 산비탈을 오르고 내리는 시적 행보이다.

애증과 역겨움을/그리움으로 다스리며/빛과 소리 자리한/숲길을 오르면/발에 밟혀도 일어서는/풀들의 모진 목숨/어제의 우울한 회한도/한 날의 피곤한 삶도/그 저 한갓 허망한 흐름이다.//

–〈대관령의 옛길〉에서

– 선생님께는 문학 외에도 문화와 예술에 대한 조예가 깊으신 걸로 알고 있습니다. 감명 깊게 읽은 책과 영화가 또는 음악이 있으면 소개와 함께 줄거리나 장면에 대해서도 들려주세요.

가끔은 같은 내용을 질문 받고 난처할 때도 없는 바는 아니지만, 감명 깊게 읽고 또 평생 읽고 있는 책이라면 저의 경우 기독교의 경전으로 불후의 명저인 『성서』라고 할 수 있어요. 그 중에서도 구약성서인 〈시편〉, 〈전도서〉, 〈잠언〉은 부끄럽지만 제가 작품을 쓰는데 기본 골격이 되고 있기 때문이지요. 그리고 6년 전부터 호흡이 맞고 동일한 목표를 추구하고 있는 기독교 시인들로 뜻을 함께 한 [열두 시인들]이 성서를 소재와 대상, 그리고 구원을 축으로 한 테마가 있는 시화집을 간행하고 있는 점이나 또 제 자신이 1968년 첫 시집『비탈』간행 이후, 그간에 묶어낸 9권의 시집 중 『바다와 해』, 『생명의 나무』, 『땅에 쓴 장시』, 『골고다의 새』, 『눈부신 약속』, 『열매 따기』, 『신의 나라에는 열매를 팔지 않아』 등은 획일적인 면도 없지는 않지만 창조자이신 하나님께 드려지는 저만의 기탄잘리(송가)라고 할 수 있습니다.

특히 저의 취미라면 가끔 건강관리 차원에서 아내와 골프를 즐기기도 하지만, 비교적 영화감상을 즐기는 편입니다. 감명 깊게 감상한 영화로는 윌리암 와일러 감독에 그레고리 펙과 오드리 햅번 주연의 〈로마의 휴일〉과 종종 전공과목인 [현대시론] 시간에 학습교재로 종종 사용하는 피터 위어 감독에 로버트 숀 레오나르도와 로빈 윌리엄스 주연의 〈죽은 시인의 사회〉라고 기억합니다. 십여 년 전 성지순례 때에 영화의 촬영지를 다녀오기도 했지만 〈로마의 휴일〉은, 영국의 앤 공주가 왕실의 제약과 정해진 스케줄에 싫증이 나자 로마를 여행하던 중 왕실을 몰래 빠져나와 엮어지는 사건이지요. 길거리에서 잠든 앤 공주가 한 신사의 도움으로 아주 짧은 시간대이지만 서민들의 생활을 즐기게 되지요. 그 신사의 신분은 특종을 찾아다니는 신문기자였어요. 처음에는 단지 특종을 잡기 위한 계산이지만, 앤 공주와 로마의 거리 구석을 다니며 공주가 엄격한 궁중생활로 한 번도 해보지 못한 충동적인 일을 겪으며 여러 가지 해프닝을 벌이는 크고 작은 일거리가 그에게는 큰 관심사였어요. 그러나 극중 효과이기도 한 이 사실을 모른 채 공주는 친절한 그에게 인간적인 정감이 느껴졌고, 단지 특종만을 위해서 그녀와 함께했던 짧은 시간이었지만 기자인 "죠" 역시 순수한 앤 공주의 다정다감한 인간적인 면에 호감을 느끼며 스토리가 흥미롭게 전개되지요.

한편, 〈죽은 시인의 사회〉는 에단 호크와 로버트 숀 레오나르도의 소년시절 모습을 볼 수 있는 점과 로빈 윌리엄스의 연기가 특히 인상적이었습니다. 백파이프 연주를 앞세우고 교기를 든 학생들이 강당에 들어서면서 1859년에 창립된 명문 웰튼고등학교의 새 학기 개강식이 시작되는 장면은 지금도 눈에 선명합니다. 이 학교에 새로 전학 온 토드(Todd Anderson)는 어린 신입생들과 마찬가지로 가슴이 두근거립니다. 이런 흥분된 심적 정황과 모교 출신의 교사 키팅(John Keating)이 영어교사로 부임하면서 시론 교과서를 찢으며 학생들을 강의실 밖의 공간으로 끌고나가 현장수업을 하는 장면이 매우 인상적입니다. 가르페디엠(carpe diem '삶을 즐겨라')이라는 교시적인 장면은 지금 생각해도 가슴을 뭉클하게 만듭니다.

또 저는 개인적으로 50년 남짓 기독교인으로 신앙생활을 해오는 관계로 종교음악에 관심을 지니는 편이지요. 그러나 구체적으로 비장감 넘친 곡을 한 곡 제시하라면, 기쁨과 슬픔이 얽힌 오랜 여정을 마치고 지친 늙은 몸으로 고향의 오막살이로 돌아오는 솔베이지의 노래를 들 것 같아요. 백발의 솔베이지, 그 무릎에 엎드려 그녀의 노래를 들으며 평화스런 죽음을 맞게 되는 내용의 가사로 점철된 에두바르트 그리그의 유명한 가곡이지요. 애절한 정조의 '솔베이지 노래(Solveigs Lied)'는 끝내 저를 매료시키고 말지요. 물론 이 노래는 1876년 입센의 희곡 '페르귄트'를 위한 부수음악 23곡 중의 하나로 사용되었고, 피아노곡으로 편곡(작품 52-4)되기도 하였지만 '페르귄트' 부수음악에 사용된 다른 곡들과 함께 '페르귄트' 제2모음곡에 포함되어 있는 곡입니다. 특히 '파리 나무십자가 소년합창단'의 합창은 감미로움을 더해주어 이 곡을 들으면 한 순간 마음의 평정을 얻게 되어 다이돌핀이 마침내 저의 체내에서 생성되는 체험을 한다고도 말할 수 있지요.

시인 엄창섭 선생은, 『시문학』(1977) 출신의 시인이다. 그는 순수한 영혼의 소유자로 한국시문학회 회장, 한국 기독교문학회 부회장을 역임한 기독신앙을 지닌 감리교회의 장로로서 시적 구원을 향하여 줄기차게 자아의 낮음을 위로 승화시키려 한다. 그것은 그의 낮은 시혼이 신적 존재가 거처하고 천상의 영토로 오르내리면서 그리스도와 영적 교합交合을 이룬다. 그것이 그의 마음속에 거처하고 표층화된 시인은 예루살렘 성지에 입성하면서 위대한 기쁨으로 환호하기에 이른다.

온통 대지가 작열하는 한여름/녹색의 잉크로 시를 쓴 네루다는/푸른 생명을 노래하다 갔다/값비싼 옥합을 깨고/긴 머리칼 풀어 향유와 눈물로/랍비의 발을 닦던 막달레나 마리아/최후의 만찬처럼 폭염의 계절 끝엔/오랜 날의 관습처럼 장마를 예고하는/소나기들의 모의가 있다/…(중략)…//

사계절 꽃기린이 그렇게 피고 지듯/아파트 좁은 공간 햇볕의 결핍으로/푸른 잎 상처 받아 존재하고/있음을 문득 인식할 때/바람의 세월로 늪을 건너 다가온/네 진한 향기와 존재를/관조, 사유의 눈에 담아 투사하면/시간에 푸른 내부가 관통 당해/추락하며 윤무하는 수만의 꽃잎/그건 발등에 떨어지는/그녀의 투명한 눈물이다//

–〈막달레나 마리아의 눈물〉에서

시인은 그 자신의 성격을 조금은 소심한 편이지만, 어려운 일에 부딪히면 고심하기보다는 단순하게 생각하려고 노력하는 편이라고 진단한다. 그래서 주어진 문제를 훌훌 털어버리고 일어선다. '생각은 높고 깊게, 생활은 단순하게'를 생활의 모토로 삼고 있다. 사람 관계에 있어서는 증오심보다는 용서와 화해로써 관용을 베풀기를 스스로가 힘쓴다. 주위의 사람들에게 아집의 경계를 허물며 다가가 손잡기를 행하려고 노력하는 것도 그의 종교적으로 재무장된 인격에 기인한 것이다. 그래서 그의 시 쓰기는 심각한 언어공해로 상처받은 영혼을 치유하며 정신적 기후를 따뜻하게 조성시켜 예언자적 인도로서 앞설 수 있기를 확신한다.

대학 강단에 몸담고 있으면서 7년 연하의 아내와 2남 1녀의 자녀를 둔 제자들에게 자상한 교수이지만, 며칠 전 손자(가현)의 돌잔치를 치른 이순의 연륜의 주름살이 깊지만 마음은 소년처럼 밝고 따뜻한 편이다. 외유내강의 다정다감한 성격의 시인은 또한 현모양처에 대한 애정과 감사로 늘 화목한 가정의 분위기를 유지하려고 깨어 기도하는 존재이다. 그리스도를 머리로 하는 가정답게 평화와 기쁨이 주변에 안개처럼 드리워져 있다. 그래서 앞으로 하시고 싶은 일도, 퇴임하면 나옹화상의 선시처럼 '탐욕과 성냄도 벗어놓고, 바람처럼' 그렇게 가끔은 여행도 즐기며 노년을 보내고 싶다는 소망이 마음 언저리에 늘상 자리해 있다.

- 끝으로 문단의 후배들에게 주고 싶은 말이나 저희 책 「한국문인」에 바라는 말씀 한 마디만 들려주세요.

불론 나름대로 자기만의 목소리, 색깔, 냄새를 내는 일도 중요하겠지만, 조금은 선배들에게는 존경심을 지니되 타인에 대한 배려와 언어에 대한 분별력을 지녀야 할 것입니다. 모름지기 문인은 정신적 생산물인 글로써 말해야 하니까 파당 짓는 일에 관여하지 말고 오로지 작품 쓰는 일에 몰두해야 할 것입니다. 한국문인들에게 바라는 말씀도 문단의 후배들에게 당부하고 싶은 말과 같은 맥락에서 한 말씀드릴 수 있지만, 역사 앞에서나 자신 앞에 보다 당당한 문인이 되어야 할 것입니다. 자기만의 문학적 토양과 자리매김을 위해서 절박한 심정으로 고뇌하며, 때로는 담백하되 지조 있는 문인의 품격을 지니도록 함께 공감대를 형성하며 노력하자는 말씀을 조심스럽게 드리고 싶습니다.

강원도 강릉이 고향인 시인은, 일제 암흑기에 중국 연변의 용정에서 저항문학으로 민족의 혼을 일깨운 강릉 출신 민족시인 심연수(沈連洙, 1918-1945)선양사업에도 앞장서고 있다. 심연수 시인 재조명 작업은 엄창섭 시인이 위원장을 맡고 있으며 그 위원회는 신봉승 예술원회원을 고문으로 하여 11명의 회원으로 구성되어 있다. 올해도 11월 18일부터 19일까지 1박 2일의 일정으로 다양한 문화행사 일정이 짜여 있는 가운데, 특히 선생은 회장을 맡고 있는 「한국시문학회」와도 연관된 국내외 학술심포지엄의 일로 매우 바쁜 일정을 맞고 계셨다. 가을이 뼈 속으로 깊숙이 파고들고 바람이 삽상하다. 그 동안 신의 생명의 실체를 한 순간에 쏟아 내놓은 경이로움을 낙엽을 통해서 본다. 어느덧 짧아진 가을해가 연구실의 가려진 검은 커튼과 선생의 시첩 속에서 한 마리 예감(豫感)의 새가 되어 퍼덕이고 있다.

(2005. 12. 3)

제2회 박인환詩문학상 심사총평

제2회 박인환詩문학상 심사위원장
김우종 (문학평론가)

제2회
박인환詩문학상 심사총평

제2회 박인환詩문학상 심사위원장
김우종 문학평론가

한국의 문학상만이 아니라 세계적인 노벨 문학상을 비롯한 모든 문학상 수상자 결정에는 항상 잡음이 따른다. 주최측의 문학상 제정 취지와 목적이 다양하고 주최자나 심사자들의 문학관과 개인적 정서가 다르고, 도덕적 인격 수준과 이해관계와 작품 이해의 수준에도 차이가 나타나기 때문이다.

그러나 금년도 박인환詩문학상 수상자로서 엄창섭 시인이 선정된 것은 그동안의 다른 어떤 문학상 선정과도 비교할 수 없는 것으로서 엄창섭 수상자보다 먼저 본 박인환詩문학상 자체의 영광이 될 것이다. 왜냐하면 엄창섭은 그가 문학활동을 시작한 후 지금까지의 현대문학사 속에서 누구와도 비교하기 어려운 최상급의 공적을 다양하게 펼쳐 온 대표적인 시인이기 때문이다.

적어도 지난 수십 년간의 한국시단을 돌아보며 이 땅을 대표할만한 시인을 수상자로 선정하려면 다음 몇 가지 조건이 모두 심사 평가 대상이 되어야 한다. 엄창섭은 이 모든 부문에 대한 철저한 검증에서 누구와도 비교될 수 없는 최고의 자리를 확실하게 보여 주고 있다.

첫째, 박인환詩문학상이 이 나라의 시인으로서 누구보다도

탁월한 업적을 남기며 우리 문학 발전에 기여했고 앞으로도 기여할 사람에게 주어지는 것이라면 그 정상급에 엄창섭이 있다.

둘째, 우리 문학의 참된 발전을 갈망하고 기여하려는 문인은 시나 소설 등의 창작만이 아니라 문예이론과 함께 세계 인류의 역사적 방향을 감지하며 문화비평가로서 우리의 갈 길을 제시하는 나침반의 역할이 필수적이다.

엄창섭은 창작인일 뿐만 아니라 학자로서 그리고 문학비평이나 문화비평가로서 다른 시인들에게서는 보기 어려운 큰 업적을 남겨 오고 있다.

셋째, 명예로운 문학상은 이미 거의 모든 역할이 끝나고 편히 여생을 보내고 있는 퇴역 문인에게나 주는 상이 아니라 과거의 업적과 함께 지금도 그리고 내일도 계속 질주할 현역 문인에게 주어지는 상이다. 그런 의미에서 엄창섭을 능가할 만한 시인은 없다.

엄창섭은 금년 4월에 〈발상의 전환과 느림의 시학〉을 출간했다. 시인으로서 그리고 문화비평가로서 문인만이 아니라 우리 모두가 발걸음을 멈추고 자기 자신을 되돌아 보고 나가야 할 참된 철학을 제시한 저서다. 그리고 2년 전 3월에는 〈심연수와 시문학 탐색〉을 냈고, 지난해 8월에는 시선집 〈눈부신 약속과 골고다의 새〉 를 냈다. 그리고 물론 다른 창작 발표와 강연등 눈부신 활동을 계속하고 있다.

그는 1958년에 초등학생으로서 영동지역의 백일장에서 〈어머니〉라는 글로 장원급제한 후 지금까지 반세기 이상 달려온 기관차인 셈이다. 77년에 〈시문학〉을 통해서 기성문단에 나선 이후부터만 해도 그 활동량은 엄청나다.

문인은 죽어서도 빛이 나지만 끊임없이 질주하는 현역 아니면 진정한 문인이 아니다. 그리고 아무리 질주하더라도 항상 끊임없이 독자를 일깨우고 세상을 바꾸려고 시도하는 문인이 아니면 진정한 문인이 아니다. 그런 의미에서 그는 한국현대문학사상 최장기간 최고의 정력으로 가장 광역화된 활동영역을 확보하고 현역으로 질주하는 시인이며 한국에서 이를 능가하는 사람은 아무도 없다.

넷째, 문인은 서재나 강의실에서만이 아니라 삶의 현장에 나가서 뛰며 참된 문학의 길을 알리고 참된 문학을 사랑하는 국민을 만들어야 한다. 이 같은 현실참여의 현장에 엄창섭이 앞장서고 있다. 그는 심연수 문학 선양사업을 주도해 오고 있으며 심연수 문학상 제정과 운영도 그러한 사회참여 활동의 하나다. 심연수는 나라를 잃고 이국 땅에서 민족의 슬픔과 향수를 노래하다 일제에 의해 비명에 간 시인이며 그를 추모하고 그의 문학에 대한 선양 사업을 적극적으로 전개하는 것은 그를 통해서 우리 문학이 가야 할 보다 아름답고 감동적인 길을 제시하는 것이다.

또 엄창섭은 이 밖에도 많은 연구 저서와 강연과 시비 건립 등을 끊임없이 구상하고 실천해 오고 있다. 우리는 강릉에 가면 경포대를 비롯하여 도처에서 많은 문학비를 보게 된다. 그는 이 나라 역사에 이름을 남겨온 많은 강원도 출신 문인의 시비 건립을 통해서 이 나라에 문학을 중심으로 한 문화민족의 이미지를 그렇게 심고 이를 확산시켜 나가고 있는 것이다.

이 밖에도 앞으로 강릉을 중심으로 전개될 동계 올림픽(평창 올림픽)도 엄창섭은 그냥 관망하는 것이 아니라 그 체육행사에다 시문학의 고귀한 정신문화의 의상을 입히고 한국문학을 세계에 알리는 역할을 이미 전개해 오고 있다.

엄창섭은 1968년의 〈비탈〉을 비롯해서 〈바다와 해〉〈땅에 쓴 장시〉〈눈부신 약속〉〈생명의 나무〉〈 골고다의 새〉〈 열매따기〉 그리고 2004년의 〈시의 나라는 열매를 팔지 않아〉등 약 10권의 시집 외에 많은 공동시집이 있다.

누구나 그렇듯이 이 시들 중에는 그를 숨 쉬고 자라게 해 온 동쪽 바다와 태백산 줄기의 아름다운 지역적 소재들이 문학적 발상의 동기를 형성한 것이 많다. 여기에는 오죽헌 매월당 이율곡 허균 허난설헌 등도 있지만 한반도에서 성역처럼 보존되어 온 대관령 태백산 줄기와 여기서 뻗어나온 숲과 평야와 그리고 바다 등 자연 풍경이 많다. 그런데 이것은 송강 정철이 그 지역을 찬미한 〈관동별곡〉같은 것과는 문학적 본질이 다르고 차원이 다르다. 정철의 그것이 우리 고전 문학사에서 가사문학의 백미라고 하지만 그것은 우리말의 형식적 외형적 멋을 살린 기교일 뿐 내면적 진실성이 빈곤하다. 강원도 관찰사로 부임한 후 술 마시고 놀러다니면서 국가 최고 권력자에게 '어와 성은이야 가디록 망극하다.' 한 〈관동별곡〉은 순수성이 의심된다. 그리고 정치적 권력에 대한 탐욕으로 천여 명의 문사와 노인과 어린 아이마저 학살한 사건의 주역이 남긴 문학은 엄창섭의 문학과 본질적으로 다르다.

엄창섭이 강원도에서 만난 시문학의 소재들은 지역성을 떠나서 더럽고 잔혹한 탐욕으로 오염되지 않은 자연에 대한 무한한 감사와 감동이다. 그는 자연으로부터 그 같은 순수성과 아름다움을 읽고 거기서 느림의 철학을 읽고 진심으로 감동한다. 그리고 무한히 감사하고 찬미하고 있다. 뜨거운 신앙심이 그 저변에서 읽히기도 하지만 그의 문학적 기법은 종교적 특성을 떠나서 모든 주제를 세계적 보편적 인류의 감성에 호소하는데 성공하고 있다. 이 같은 감동과 감사와 찬미는 무엇보다도 긍정적 사고이고 겸허함 속에서 함께 나누는 공존의 철학이며 결국은 우리 인류 모두가 지향해야 할 사랑과 평화의 정신이다.

이러한 고귀한 문학 정신과 함께 그 창작행위를 결코 멈출 수 없는 사명으로 알고 있을 뿐만 아니라 이를 가장 열정적으로 최장기간에 걸쳐 실천해 온 시인이 엄창섭이기에 제2회 박인환詩문학상 심사위원회는 기쁜 마음으로 만장일치로 그를 수상자로 결정했다.

제2회 박인환 시문학상 심사위원 (가나다 순)

심사위원장: 김우종 [문학평론가 前)경희대.덕성여대교수]

심사위원
김용재 [시인. 문학박사. 前) 대전대학교대학원총장]
문병란 [시인. 前) 조선대 교수]
백운복 [문학평론가. 서원대국어국문과교수]
전형철 [시인. 문학평론가.월간모던포엠발행인]

제2회 박인환詩문학상 수상시인 엄창섭시인

문병란 [시인. 前)조선대교수]

제2회 박인환詩문학상 수상시인 엄창섭

문병란 [시인. 前)조선대교수]

2011년 제2회 박인환詩문학상 수상자로 정랑 엄창섭 시인이 선정되었다. 그 동안 행정상의 착오가 있어 일시 수상이 중단되기도 하였기 때문에 매우 의의 있는 수상자 결정이었다. 특히 제1회 수상자였던 인연이 있어 그 인맥의 중요성을 감지하고 있었던 만큼 더욱더 관심을 기울이기도 하였다.

한국의 모더니즘의 외로운 기수〈목마와 숙녀〉〈세월이 가면〉로 널리 알려진 대중적 인기와 함께 포스트모더니즘 그 현란한 유행과 변신이 눈부신 문학사적 한 변방의 조용한 파문을 의식하면서 그 수상 인맥에 대한 관심은 기대 그 이상의 의미가 내재되어 있다고 생각한다.

이러한 배경 속에서 전격적으로 결정된 수상자 엄창섭 시인은 2018년 동계올림픽 개최지 선정 평창의 숨은 공로자이기도 한 바 금번 수상자 결정에 최적임자로서 만장일치 합평에 의하여 수월하게 관문을 통과하기에 이르렀다. 2010년 8월 관동대를 끝으로 교단을 정년한 정랑 엄창섭 시인은 왕성하고 화려한 활동을 전개한 약력의 소유자이다. 교수로서 학문과 시창작 두루 투철하여 시집 9권, 연구활동 논문 보고서 등 300여 편, 수상경력 굴지의 권위 있는 상명만도 10여 가지 극구 수상 결정에 거듭 사양해 마지않는 그의 속내를 이해하고도 남는다. 향토에 대한 애정도 특별한 바 있어 강원도민의 화합을 일구어낸 큰 영향력이며 교육자로서 투철한 사명감은 수상자 결정문 서두에 얹어 빛을 더하여 준다.

2010년 8월 그의 정년을 기념하는 그의 「시선집」에는 345편의 시가 수록되었으며 이성교 시인의 축시, 김우종 평론가의 축사, 김동호, 노주환 화백의 축화도 눈에 띈다. 1968년 첫 시집 「비탈」을 출발로 2004년 〈신의 나라는 열매를 팔지 않아〉까지 9권의 시집이 그의 실력과 수상의 절대적 배경을 이루고 있다. 또 2011년 9월 「소월문학상」까지 수상 상복도 넘치고 남음을 알 수 있다. 주로 「정년퇴임 기념 시선집」에서 몇 편을 골라 감상 비평함으로써 수상 시인의 작품 세계를 소개하고자 한다.

그의 중량감 넘치는 노작을 펼쳤을 때 향토적 관심을 형상화한 다수의 작품이 맨 먼저 눈길을 끈다. 고향 강릉의 명소와 여러가지 역사적 유적 인물 풍광에 대한 유별난 관심과 그에 대한 시적 형상화는 그를 향토 시인의 면모를 갖추게 하였고 거기에서 우러나오는 순수한 서정은 그의 시적 특색의 제일의적 성과로 손꼽아 무방할 것이다. 〈향수〉〈경포대초〉〈화부산기〉〈삼봉도(독도)〉〈돌섬의 새와 붉은 가시떨기〉〈고향과 꽃과 아기〉〈가산도의 전언〉〈죽도〉〈누가 폐렴, 앓은 南大川을 보았나요: 오성정〉〈신관동별곡〉〈꽃의 말-강릉과 여인〉〈내곡의 솔숲과 바람의 형상-청송의 자긍심, 관동의 혼불〉〈동해찬가〉〈영원한 모성과 예감의 새(사임당 교육원 솔숲의 노래)〉〈허균〉〈겨울동해〉 300편 90% 이상이 그의 향토와 명소와 명인 유적 예찬과 서정적 형상화의 속살로 그의 시적 골격이나 정서적 육화의 제재를 이

심사평

루고 있다.

①버그러진
창포 잎 틈 새로
六月 가비야븐 솔개바람이
뱝 뛰어 가고 – 향수의 첫 연

②맑은 물 티 없어
세모래 헤이면
갈 숲엔 조잘거리는
고 귀여운 물새 떼

江門僑 나린 물에
서녘 놀 꽃 피고
草堂里 청송 숲엔
솔가리 타는 연기 – 경포대초 2.3연

③구각을 찢어
빛과 소리 탄생시킨 杏木이
여명을 쪼고 있는
한 여름 새벽

鄕校의 돌층계 오르며
건반을 튕기는
맑은 선율에
어지러이 비상하는 햇살 – 화부산기 1.2연

④천상의 질긴 緣이 이곳에 닿아
이마를 마주한 암섬과 수섬,
가파른 해식애와 파식지대에
독섬의 그림자에 숨죽인 괭이밥은
탈진한 풀집에 생기를 살려내고
고독한 독도지킴이의 눈물에 젖은
민족의 혼불, 활활 타오르네.
- 돌섬의 새와 붉은 가시딸기 1 연

시어 하나 하나에 영롱히 새겨진 그의 고향, 바위, 풀, 꽃, 햇살 모든 것이 소리와 빛과 형과 색으로 아로새겨져 있다. 우리의 모국어, 세계 으뜸의 소리글자 한글의 음과 향이 이미지로 상징으로 형상화 되어 있다. 이러한 예시는 일견 부질없는 일처럼 보일 정도로 그의 시편은 모두 애향심과 향토 지킴이로서 알알이 곱게 빚어내고 있다. 9권의 시집과 그의 대표 시 300여 편이 모두 동해의 맑은 푸르름과 밝음에 적셔져 오롯이 심안에 감흥을 일으켜 순수서정의 빼어난 경지를 이루어 내고 있다.

그러나 그는 단순한 고향찬미의 미사여구로써 고향의 풍광을 홍보하는 관광의 화집 같은 표피적 선전으로 일관하지 않는다. 혼불이 타는 정신적 고전적 자각으로써 학문적 천착에 까지 닿아있어 번쩍 심안을 일깨우는 일진광풍 같은 경각심이 심령의 번갯불로 독자의 마음을 일깨워 준다.

두 번째로 그의 시는 신앙과 관련하여 영혼의 눈으로 일상을 내면화시키며 경건한 자세로써 심령의 불꽃으로 현실을 정화시키고 있다. 〈십자가〉〈기도.1~ 기도.37〉까지의 연작시는 그가 태어나고 살아온 암하노불 근성 있는 개골

산 풍악산 설악산 태백산 그 바람과 바위 눈보라와 바람의 고장을 십자가와 골고다와 약속의 땅으로 내면화시키는 하느님과의 독대를 감지케 한다. 향토적 열망의 순수한 불꽃과 영적인 심화의 만남이 이룩한 색다른 조응 속에서 그 현요는 가위 눈부신 자아성찰이 아닐 수 없다. 백담사 애국혼을 거문고 줄에 새기듯 토해낸 만해선사의 「님의 침묵」이 또 다른 사상과의 만남으로 영롱해짐이 아닐까 여긴다.

①피땀 번뜩이는
십자가의 끌린 자국마다
증오와 저주가 해일처럼 일렁이고
갈대 채찍에 찢긴 홍포자락은
깃발인 양 나부끼도다. - 십자가 1 연

②내 님은 항시 높은 곳에 계시어 햇귀 잘라먹는
일식에도 불안스레 떠는 어린 양의 심령을
쉴만한 물가로 인도하여요. - 기도. 1

③꽃잎 이울어도 내 영혼 말라 죽일 수 없고
닻과 키 잃은 난파선처럼 표류할 수 없어요
약한 육신이 욕정 울틀거리는 삶의 언저리로
밀려간다 하여도 내 마음은 당신 곁을 떠날 수 없어요.
- 기도. 2의 1연

④내가 이토록 타는 목마름으로 밤이나 낮이나
안타까워함은 님을 뵙지 못했다는 후회 때문이어요.
⑤아직은 짙은 흑암의 옷자락이

질주하는 파도 위를 덮고 있는 시각,
심장이 찢겨 피 흐르는 저들의 상처마다
한 방울 정화된 눈물을 허락하시어
풀잎 위의 꽃비처럼
슬기롭게 만난 이웃의 영혼마다
님이 티 뽑어 주신 사랑이
은총의 금비늘로 돋아나게 하소서. – 꽃의 증언 5연

⑥거짓된 예언자여,
네 손에 취한
황금의 홀도
큰 물결 밀어 오르는 날
정직한 분노에 꺾이어
쇠잔한 풀꽃처럼
타는 가시덤불
그 속에 던지우리니 – 예언자. 1연

한용운의 〈님의 침묵〉 타고르의 〈기탄잘리〉 예수의 〈산상수훈〉 에리미아의〈예언시〉 그러한 서구적 기독교 사상이나 한국의 불교사상 타고르의 인도적 범신적 사상들이 서로 모순갈등을 겪으면서「동방의 등불」한반도의 식민지 100년 그 암흑을 잘도 극복하는 광명사상으로 거듭나려는 피나는 몸부림을 내면의 소리로 빚어내고 있다. 일견 모순되면서도 3개의 불협화음들이 서로 갈등과 충돌을 거쳐 그것을 극복하여 새로운 염원이 되고 다짐이 되어 하나의 혼불로 나오름은 결코 범상치 않은 창조의 심화이다.

그러면 박인환과 제1회 수상자 문병란과 제2회 수상자

엄창섭의 만남은 여하한가.

①기총과 포성의 요란함을 받아가면서
너는 세상에 태어났다 주검의 세계로
그리하여 너는 잘 울지도 못하고
힘없이 자란다

엄마는 너를 껴안고 3 개월간에
일곱 번이나 이사를 했다

서울의 피의 비와
눈바람이 섞여 추위가 닥쳐오는 날
너는 입은 옷도 없이 벌거숭이로
화차 위 별을 헤아리면서 南으로 왔다

나의 어린 딸이여 고통스러워도 애소도 없이
그대로 젖만 먹고 웃으며 자라는 너는
무엇을 그리 우느냐 - 박인환 - 어린 딸에게 1~4연

②나는 땅이다
길게 누워 있는 빈 땅이다
누가 내 가슴을 갈아엎는가?
누가 내 가슴에 말뚝을 박는가?

아픔을 참으며
오늘도 나는 누워 있다

수많은 손들이 더듬고 파헤치고
내 수줍은 새벽의 나체 위에
가만히 쓰러지는 사람
농부의 때 묻은 발바닥이
내 부끄러운 가슴에 입을 맞춘다.

멋대로 사랑해버린 나의 육체
황토빛 욕망의 새벽 우으로
수줍은 안개의 잠옷이 내리고
연한 잠 속에서
나의 씨앗은 새 순이 돋힌다.

철철 오줌을 갈기는 소리
곳곳에 새끼줄을 치는 소리
여기저기 구멍을 뚫고
새벽마다 연한 내 가슴에
욕망의 말뚝을 박는다.

– 문병란 – 땅의 연가 전반부 1~4연

③오세암 건봉사 갈마들며
강인한 지조로 한 올의 黑風도
장삼자락으로 훠이훠이
참담한 세기의 늪 휘젓는
萬海의 섬직한 음성은
백담사 만종 소리에 서슬푸르다.

원시의 신비로 불타는
거대한 외설악 단풍 숲은
온몸으로 민족에게 바친
날 푸른 님의 침묵 앞에
만추의 붉은 꽃잎 토해 내고

촉촉한 물안개 휘감은
봉정암의 그 돌길 휘젓는
골골 흐르는 맑은 산 여울,
죽음의 그림자 묻어 있는
작은 새의 깃털 씻어 준다.

바람 끊긴 산자락에
저토록 쟁쟁한 님의 음성은
압제의 칼날 토막 내고
낙조가 투신하는 강물위에서
환하게 미소 짓는 님의 형상
그날의 날카로운 첫 키스처럼
감미로워 눈 감을 밖에. – 엄창섭 – 눈부신 약속.1 전문

연대순으로 쓰여진 세 사람의 시인과 그의 시가 「박인환詩문학상」이란 문학적 이벤트 속에 어떤 상관관계를 가지고 시적으로 연결하여 흐르는가 한줄기 인맥이나 사상적 서정적 상통함을 찾는 일은 결코 쉬운 일이 아닐 것이다. 일제시대 유신치하 개발도상국가가 겪는 여러 가지 수난과 고통을 관통해 오는 그들의 삶 속에서 일견 모순당착 되면서도 매우 유사한 역사적 맥락을 통하여 고뇌와 생명의 숨결이 울리고 있음을 본다. '상' 이라는 요식행위 속에서도 그 세 사람의 미적 진지성은 시라는 특별한 장르 속에서 매우 끈끈한 어떤 힘이 연결되어 질긴 혈연 같은 곡진함을 느끼게 된다. 참으로 시라는 신비한 힘이 하나의 혈연처럼 서로 뜨겁게 포옹하고 굳게 손잡을 수 있음을 감탄하면서 다시 한 번 이 만남을 필연이라 확신한다.

문병란 [시인. 前)조선대교수]

평론

〈엄창섭의 시세계〉

섬세한 이미지로 엮어내는 희망의 세계

백운복(문학평론가. 서원대 교수)

평론

〈엄창섭의 시세계〉

섬세한 이미지로 엮어내는 희망의 세계

백운복(문학평론가. 서원대 교수)

1

한 편의 시작품을 시인의 서정과 인식의 결정(結晶)이라고 할 때, 그것이 무엇을 소재로 하고 있으며 어떤 실체를 지녔느냐보다는 그것을 어떻게 구현(具顯)해냈느냐가 시를 시답게 하는 이른바 시의 포에지가 될 것이다. 우리가 이미 알고 있거나 미처 깨닫지 못했다하더라도 문학은 결국 보편적인 자연과 인간의 심정을 제재로 하고 있다. 그러나 각 작품마다 다양한 반응과 감동을 체험하게 되는 것은 곧 제재를 어떻게 다루어 주제를 구현해냈느냐와 밀접하게 관련된다. 따라서 작품이 우리에게 감동을 주는 근거도 대상에 대한 독특한 반응과 인식의 모양으로 갈무리된다고 볼 수 있다.

단순한 소재로 널려있는 수많은 대상들이 시인의 서정과 만나면서 그 소재는 비로소 생명을 부여받아 새롭게 열리며, 새로운 이름을 얻게 된다. 따라서 시의 창작행위란 결국 대상에 새로운 이름을 부여하는 명명행위(命名行爲)이다. 우리는 시인의 서정에 의해 부여된 그 새로운 이름을 통해 시의 경이(驚異)와 마주하며 새로운 감동을 체험하게 되는 것이다. 그렇다면 한 편의 시에 완결성을 부여하는 가장 중요한 요소는 무엇인가. 시인의 서정과 인식은 무엇을 통해 구체화되며, 새로운 이름의 명명행위는 무엇을 통해 이루어지는가. 흔히 시의 구성요소로 일컬어지는 시어, 리듬, 이미지, 시적화자와 어조, 구조 등이 그러한 구체화 행위에 나름대로의 역할을 수행하는 것은 사실이다.

그러나 한 편의 시작품을 그 시의 구조 전체로 밝힐 때, 시를 구성하는 가장 중요한 요소가 되는 것은 이미지다. 곧 대상에 대한 서정과 인식은 이미지로 결실되며, 시의 세계는 이미지와 이미지의 유기적 결합에 의해 조성된다. 관념적이고 추상적인 것이 시작품 속에서 구체적으로 밝혀지고, 그 작품 속에서만의 독특한 의미로 탄생되는 것은 바로 이 이미지를 통해서 가능해진다. 그만큼 관념의 구체화로서의 이미지는 곧 시작품에 표상된 시인의 미적 체험이며, 그 결정체인 것이다.

2

엄창섭의 시세계를 논하면서 무엇보다 주목되는 것은 자신만의 신선하고 독창적인 시어 선택과 이미지 조형 능력이다. 그만큼 대상에 대한 섬세한 애정과 배려로 창작의 과정을 거친다는 증거일 것이다. 엄창섭 시인의 방대한 시력 여정을 숙독하면서, 서정과 인식을 제재와 매듭짓는 시인의 이미지 형상력은 어느 작품을 대할 때나 놀라운 충격과 감동으로 다가온다.

지금, 세기의 늪을 지나
눈꽃 같은 속살을

파도 위에 내어던진
피곤한 목숨 하나

올올이 날리다
풀잎에 눕거나
천 갈래로 찢기어
세세한 물무늬로 환생한 분신

격랑이 피워 올린
물때 낀 너의 언어는
이 밤 또 哀曲으로 부활하나니.

心想이 깨어 있어
빗 장 굳게 잠긴 문마다
두개골을 부딪치며,
존재로 살아남으려는
그 처절한 현상은

우주가 휴식하는 시각
그 흔한 몇 방울의 눈물도
허락할 수 없어
온몸을 떠는 견고한 고독 앞에
깊은 밤 창을 흔드는 건
부챗살로 뻗어나는 손이 아니라
번뜩이는 야성의 얼굴
실상은 너의 절대의지다.

—「바람 素描」 전문

제목 그대로 바람을 스케치한 작품이다. 시인이 얼마나 섬세한 감각과 배려로 시세계를 형상해 가는가를 여실하게 보여주고 있는 작품이다.

우선 시어 선택의 폭과 깊이가 무한 자유를 구가하듯이 참으로 넓고 깊게 펼쳐져 있다. 언뜻 보아 관념적인 단어들의 무질서한 투척(投擲)처럼 보이기도 한다. 그러나 각 단어들이 이 작품에서만의 독특한 매듭을 엮기 위한 실을 풀어내면서 이질적인 많은 다른 단어들을 향해 의미의 망(網)을 펼치면서 단순한 단어를 넘어 시어로서의 에너지를 지니게 된다. 곧 단순한 소재나 관념들은 시인의 서정과 만나면서 새로운 의미의 세계로 부활한다.

바람에 대한 시적 화자의 처음 인식은 1연에서 보여주고 있는 것처럼 "세기의 늪을 지나/ 눈꽃 같은 속살을/ 파도 위에 내어던진/ 피곤한 목숨 하나"이다. 얼핏 지쳐있는 바람을 통한 화자의 지치고 피곤한 삶의 여정을 그리고 있는 것처럼 읽힐 수 있으나, 이 작품은 결코 상실의 아픔과 동일성의 부재를 노래한 것은 아니다. 오히려 '세기의 늪'을 힘겹게 지나오면서도 '눈꽃 같은 속살'을 언제나 잃지 않으면서 꿋꿋하게 지켜온 바람의 꿋꿋한 생명력과 다함없는 의지력을 형상하고 있는 것이다.

시인은 파도 위에 내어던진 바람을 '천 갈래로 찢기어/ 세세한 물무늬로 환생한 분신'으로 형상하는가 하면, 바람이 일으키는 파도의 격랑을 '물 때 낀 너의 언어'로 표상하기도 한다. 이러한 이미지 구사는 단순한 시각적 표상을 넘어 관념의 구체화로서의 공감각을 환기시키면서 이미지 형상의 놀라운 경이를 느낄 수 있게 해 준다.

시인의 서정과 인식을 통해 구체화한 바람의 형상은 4연과 5연에 이르러 또 다른 모습으로 생명력과 의지를 구현

한다. 즉 '빗 장 굳게 잠긴 문마다/ 두개골을 부딪치며' 존재로 살아남으려는 처절한 바람의 생명력을 표상하는가 하면, 심지어 '우주가 휴식하는 시각' 까지도 온몸을 떨면서 깊은 밤 창을 흔드는 '번뜩이는 야성의 얼굴' 을 이미지화 함으로써 바람의 절대의지를 형상해내고 있는 것이다.

이 작품에는 '늪, 피곤한 목숨, 격랑, 哀曲, 처절한 현상, 견고한 고독' 과 같은 에피세트와 시어들이 나타나고 있어 바람에 대한 시적 인식이 서글픈 존재의 삶으로 다가설 수 있지만, 결코 그렇지 않다. 그러한 상실과 아픔의 시어들은 오히려 '눈꽃 같은 속살, 세세한 물무늬, 번뜩이는 야성의 얼굴' 로 표상된 바람의 '절대의지' 에 생명력을 더하기 위한 과정이요 에너지로 읽혀질 수 있기 때문이다.

엄창섭 시인이 지닌 섬세한 묘사와 이미지 조형 능력은 다음의 작품에서도 확연하게 감지할 수 있다.

청산의 물안개 속에서
태고의 신비를 머금고도
대지에 깊이 뿌리 내린
네 의연한 함묵
너무 순수해 언어를 잃는다.

처절한 인고의 물발에 밀리어도
천리 거슬리지 아니 하고
항시 해와 달 우러러 순응하는
네 형상은 하나의 신앙이다.

분노하거나 변명 없어도
수만의 귀(耳) 열어 놓고

저토록 살 저미는 바람 앞에서
영혼의 닻줄 당기며
살아 천년 죽어 천년

그 자리 숙명처럼 숨죽이며
입 열어 말하지 아니 해도
실체를 통해 顯現하는
잇닿은 미래의 깊은 뜻
실로 아름다워 눈물겹다.

—「태백산 朱木 앞에서」 전문

태백산 주목을 묘사하고 있는 시인의 서정과 인식에서 엄창섭 시인의 시어 선택과 이미지 조형 능력을 쉽게 감지할 수 있다. 어떠한 분노나 변명도 없이 '수만의 귀를 열어 놓고/ 저토록 살 저미는 바람 앞에서/ 영혼의 닻줄 당기며' 살아서 천년 죽어서 천 년 의연하게 버티고 서 있는 태백산 주목은 차라리 '대지에 깊이 뿌리 내린' '의연한 함묵'(1연)이요 '하나의 신앙'(2연)인 것이다. 시인은 1연에서 형상한 '함묵'을 '수만의 귀'와 접맥시키고, 2연에서 표상한 '신앙'을 '영혼의 닻줄'과 유기적으로 이어줌으로써 시어 선택과 이미지 조성에 통일성을 부여하고 있다. 이러한 그의 이미지 조형 전략은 4연에 이르러 '숙명'과, 존재만으로 '잇닿은 미래의 깊은 뜻'을 묵묵히 현현(顯現)하는 주목(朱木)을 통한 자아와 세계의 동일성으로 구체화한다. 따라서 주목의 형상이 아름답고 눈물겨운 것은 곧 세계(주목)의 자아회리는 시적 동일싱의 차원에 나름 아니다.

엄창섭 시인의 소재 지향과 대상의 선택은 자연과 일상

의 삶은 물론, 신앙적 제재에 이르기까지 그 폭은 실로 다양하다. 강릉과 대관령은 시인에게 너무나 친숙한 고향의 장소이며, 그의 시에 자주 등장하는 제재이기도 하다.

홍장의 꽃물 진 살결
실안개에 촉촉이 젖고
수초 물살에 흔들리다.

윤사월 君子湖는
깊은 잠에서 깨어나고
펄쩍 뛰는 동해는
물보라에 젖은 강릉아낙의
윤기 나는 머리카락 말아 올린다.

靑魚 낚아 올린 맑은 호수는
아침 식탁에서
원시의 바람으로 살아나고,
손금처럼 명백한
경포호의 수면은
하얗게 돋아나는 부새우로
일순 눈부신 황홀이다.

草堂里 솔숲 위
고향 뒷산의 목화송이처럼
곱게 피어오르는 구름
바람에 새가 된다.

— 「풍경」 전문

「풍경」은 고향 강릉에서 너무나 친숙한 '동해, 경포호, 초당리 솔숲' 등을 애정어린 서정으로 절묘하게 교직(交織)해내고 있다. 고향이나 역사적인 고적(古蹟), 또는 기행(紀行)한 장소 등을 제재로 한 시의 경우, 대체로 해당 장소에 대한 역사적 서사에 근거한 내용을 시적 언어로 묘사하거나 재구성함으로써 화자의 서정과 시적 긴장감을 느끼기가 어려운 한계를 지니기 마련이다.

그러나 「풍경」은 장소 묘사나 비유적 표현을 통한 단조로운 찬미라는 한계성을 완전히 극복함으로써 우수한 이미지의 형상과 시적 긴장감을 성공적으로 구축해내고 있다. 이는 대상에 수동적으로 종속되지 않고 철저하게 화자의 서정이 지향하는 에너지를 능동적으로 활성화한 까닭이다. 따라서 신선하고 감각적인 이미지들로 넘쳐나고 있다. 각각의 이미지들이 생명력을 지녀 다른 이미지들과 함께 어우러져 실로 이미지들의 경이로운 군집을 보는 듯하다. 경포호는 시인의 서정과 만나면서 '홍장의 꽃물 진 살결'을 창출하고, '물보라에 젖은 강릉아낙의/ 윤기 나는 머리카락'을 탄생시킨다. 이어 '원시의 바람으로 살아나는' 맑은 호수를 그려내는가 하면, '손금처럼 명백한' 눈부신 황홀의 경포호 수면을 부조(浮彫)하기도 한다. 실로 생동하는 신선한 이미지들이 상호조응하는 경이로운 작은 우주를 발견할 수 있다.

촉촉이 젖은 물안개 밀어낸
원시의 바람에
일순 영혼은 정화되고
층층나무 가장이로

심사평

쏟아지는 눈부신 햇살
너무 황홀한 충격 끝에
현기증을 안겨준다.

계곡을 타고 나린 맑은 물에
부끄러운 속살 드러내는 바위,
세월과 길손의
발끝에 채여 떨어지는
풀꽃의 이슬하며
바람결에 묻혀 오는
이름 모를 산새의 울음.

—「대관령 옛길 · 1」에서

대관령도 강릉이나 경포호 못지않게 시인에게는 너무나 친숙한 공간일 것이다. 「대관령 옛길 · 1」에서도 우리는 경포호와 서정의 놀라운 일체화를 통해 생동하는 작은 우주를 창출해내던 앞의 「풍경」이라는 작품에서 만날 수 있는 시인의 신선하고 감각적인 이미지 조형 능력과 서정의 활발한 에너지를 그대로 감지할 수 있다.

위에 인용한 부분은 「대관령 옛길 · 1」의 1, 2연이지만, 이 작은 부분만을 보더라도 엄창섭 시인이 시어 선택과 이미지 조형에 얼마만큼 섬세한 배려를 하는가를 짐작할 수 있다. 촉촉이 젖은 물안개를 밀어낸 '원시의 바람에', 순간 영혼이 정화된다는 발상은 대관령 옛길을 찾을 때마다 자신을 반추하고 정화하는 화자의 모습을 슬며시 드러내는 형상이다. 그때마다 마주치게 되는 "층층나무 가장이로/ 쏟아지는 눈부신 햇살"은 세상의 고뇌를 잠재우고 하늘의 평온을 허락하는 '황홀한 충격' 으로 화자에게 다가서는 것이다. 이어 2연에서는 '계곡물과 바위, 세월과 길손, 풀꽃의 이슬과 산새의 울음' 을 섬세하게 상호조응하여, 제재들이 서로 합주(合奏)하는 교향적(交響的) 이미저리의 놀라운 울림을 형상해내고 있다.

우리가 시작품에서 감동을 받는 것은 물론 그 소재와 제재 선택에 달려 있는 것은 아니다. 무엇을 대상으로 했느냐보다는 그 대상을 어떻게 표현하여 새로운 의미를 창조해냈느냐에 달려 있다. 이는 곧 대상에 대한 서정과 인식의 구체화를 의미하며, 시인의 말은 바로 시어와 이미지를 통한 시적 형상 속에 자연스럽게 배어드는 법이다. 시에서 이미지를 강조하는 이유도 여기에 있다. 위의 작품들로 보아 엄창섭 시인은 시어 선택과 이미지의 가치를 창작과정에서 어느 시인보다 깊이 새기고 있다고 생각된다.

3

시의 창작에너지는 동일성의 상실을 회복하고자 하는 강한 욕망에서 발생한다. 따라서 자아 상실감을 철저하게 느끼면 느낄수록 회복 의지도 그만큼 강렬해지기 마련이다. 「병상 시첩」은 창작에너지가 지닌 상실과 회복의 욕망을 잘 보여주고 있는 작품이다.

섬세한 의식의 빛 꺼져가는
짙은 흑암 속
하늘 끝에서 바람처럼
창백한 손 히니 니다나
아픔이 머문 부위 어루만지고

물 오른 나무의 새순처럼
통증은 살갗을 찢고 돋아나지만
일순 영혼엔 고요한 평온 찾아든다.

물발에 흐느적거리는 수초처럼
병약한 육신의 그림자
한 올 바람에 흔들리며
좌절의 늪으로 추락하는데

어둠 속에 나타난
크고 부드러운 손 하나
봄볕에 겨울 빙벽 녹여 내리듯
끊길 듯 풀리는 목숨의 실타래를
조심스레 감아올린다.

한여름 마른 강바닥같이
무한 갈증에 타는 병상
우주 끝 어디선가 나타난
투명한 눈물에 촉촉이 젖은 손
돌처럼 차가운 심장에
뜨거운 피의 강 흐르게 한다.

—「병상 시첩」 전문

고난과 시련의 병상 체험에서 자아상실감을 느끼는 것은 매우 자연스럽다. 이는 많은 시인들의 작품에서 쉽게 발견되는 제재이기도 하다. 병상의 시련을 "섬세한 의식의 빛 꺼져가는/ 짙은 흑암 속"으로 표현하고 있는 화자의 심정

속에는 어둠의 절망이 드리워 있다. 그러나 화자는 그 암흑 속에서 아픔의 부위를 어루만지고 있는, '하늘 끝에서 바람처럼' 나타난 '창백한 손 하나' 를 발견해낸다. '꺼져가는 빛' 과 '창백한 손 하나' 는 사라져 가는 모습을 환기하는 유사한 이미지로 보이지만, '흑암' 과 '손' 이 함축한 의미의 대조를 통해 절망 속에서 희망을 회복하는 화자의 강한 생명력을 표현하고 있다.

'물 오른 나무의 새순' 과 '살갗을 찢고 돋아나는' 통증의 대조 또한 1연에서 보여준 이미지의 재구성 모습을 그대로 표현하고 있다. 곧 통증은 새순이 되는 놀라운 역설이 '영혼에 고요한 평온' 이 찾아들게 한 것이다. 이러한 역설을 통한 이미지 구조의 완결성은 3, 4연에서도 그대로 지속되어 엄창섭 시인의 이미지 조형 문법으로까지 나타나고 있다.

3연에서 드러낸 '좌절의 늪' 으로 추락하는 '병약한 육신의 그림자' 는 4연에 이르러 역설적으로 새로운 희망과 회복을 창출하고 있다. 곧 1연에서 형상한 '창백한 손 하나' 는 이제 '크고 부드러운 손 하나' 로 변환되어 '목숨의 실타래' 를 조심스레 감아올리는 회복과 희망의 상징체로 형상되어 화자의 주제를 응축해주고 있는 것이다. 마지막 연에서 형상한 '우주 끝 어디선가 나타난/ 투명한 눈물에 촉촉이 젖은 손' 은 자아상실감에서 끊임없이 열망해 온 회복에의 의지가 마침내 찾아낸 희망의 상징적 대상이요, 이 시의 주제를 함축한 객관적 상관물이라고 할 수 있다.

4

엄창섭 시인의 시력여정을 일관하는 시적 특질은 무엇보다도 시어 선택과 섬세한 이미지 조형성이다. 그가 다루고 있는 제재들은 자연과 일상적 삶을 중심으로 매우 다양하게 선택되고 있지만, 대상에 서정을 매듭짓는 대현실안과 자아와 세계의 동일성은 언제나 섬세한 이미지로 구축해가고 있다.

시는 말하거나 설명을 통해 의미를 전달하는 양식이 아니라, 이미지를 통해 제시하여 보여주는 양식이다. 우리는 시인의 서정이 대상이나 현실에 어떻게 매듭을 짓고 있는가를 발견하면서 감동을 체험하는 것이다. 즉 시인의 말을 듣는 것이 아니라, 시의 말에 독자가 참여하여 공감하는 것이다. 엄창섭 시인의 시세계를 접하면서 시인의 말보다는 창작되어 제시된 시의 말을 엿들으면서 공감할 수 있었던 것은 바로 그의 시가 갖추고 있는 생동하는 시어와 이미지의 역동성 때문이다.

엄창섭 시인의 그러한 시적 특질은 그가 믿는 신앙과 같은 삶의 진리와 진실을 시로 형상하고자 하는 끊임없는 노력의 과정이 낳은 결과라고 할 수 있다. 어쩌면 그는 이미 시 속에서 삶의 진리와 가치를 체득했는지도 모른다. 다음 작품은 엄창섭 시인이 왜 그토록 시 쓰는 작업을 계속할 수밖에 없는지를 잘 말해주고 있다.

아프리카 초원의 여명에
가젤은 잠에서 눈을 뜬다.
정글의 사자보다 더 빠르게
달리지 못하면 먹힌다는 것 예감하고
역풍 가르며 본능적으로 질주한다.

새벽의 푸른빛 일어서는 밀림에서

맹수의 제왕 사자가 깨어난다.
가젤보다 힘차게 역주하지 않으면
허기로 죽는 까닭 알고 있기에
온 힘을 다해 해 뜨는 초원에서
가젤 앞지르는 야성 발동한다.

그대 또한 가젤이든, 사자이든
아침 해가 뜨기 전, 삶의 처소에서
열중의 일념으로 목숨을 걸고
역풍 속에서도 질주의 끈을
삶의 업보라 늦출 수 없다.

—「삶의 教示」 전문

이 작품은 엄창섭 시인의 시세계가 지니고 있는 이미지 조형성은 물론 구조적 완결성의 특질까지도 잘 보여주고 있다. 우선 아프리카 초원의 '가젤'과 '사자'를 제재로 선택하여 그들의 질주 모티브를 공통으로, 주제를 형상하고 있는 그 시적 전략이 매우 이채롭다. '사자보다 더 빠르게 달리지 못하면' 먹히는 가젤과 '가젤보다 힘차게 역주하지 않으면' 허기로 죽는 사자의 팽팽한 대조를 통해, 최선을 다해 '역풍 속에서도 질주의 끈을' 결코 늦출 수 없는 '삶의 업보'를 형상해내고 있는 것이다.

또한 이 시는 작품의 구조성에서도 시어 선택과 형식적 상관관계의 면에서 완벽한 대조와 조화의 팽팽한 균형을 이루고 있다. 즉 '눈을 뜬다'(1연)와 '깨어난다'(2연), '달리지 못하면'(1연)과 '역주하지 않으면'(2연), '본능'(1연)과 '야성'(2연) 등이 거의 완벽하게 대조적으로 조화되고 있다. 아울러 1연과 2연이 가젤과 사자라는 주체로 각기 병치되어 구성되면서 3연으로 통합되는 유기적 구성력도 잘 이루어져 있다. 결국 3연에서 형상해주고 있는 것처럼 가젤과 사자는 자연스럽게 인간으로 등가화 되어 그 주제를 표출하고 있다. 따라서 '아침 해가 뜨기 전, 삶의 처소에서' 질주의 끈을 늦출 수 없는 것은 곧 우리 인간의 보편적 삶의 모습으로 다가오는 것이다.

엄창섭 시인은 더러는 낯설고 놀라운 시어로 우리를 당혹스럽게도 하지만, 제재와 서정을 섬세한 이미지로 형상화하여 당혹스러움을 곧바로 감동으로 바꾸어주는 배려를 놓치지 않고 있다. 그의 시창작 작업은 어쩌면 그가 믿는 신앙과 같은 삶의 진리와 진실을 항상 새롭게 활성화하고자 하는 노력의 일환이라고 할 수 있다. 앞으로의 그의 시 작품에서도 놀라운 인생의 진리와 가치를 감동적으로 체험할 수 있으리라고 믿는다.

사고가능성

인쇄 2011년 10월 28일
초판 1쇄 발행 2011년 10월 30일
지은이 엄창섭
펴낸이 전형철
편집 모던포엠
웹디자인 김태완
펴낸곳 모던포엠 출판부 도서출판 **채운재**
후원 월간 모던포엠
사) 한국문협 인제군지부
박인환詩문학상운영위원회
세계모던포엠작가회
주소 100-861 서울시 중구 충무로2가 49-8
(서울빌딩 202호)
전화 02-704-3301
팩스 02-2268-3910
손전화 010-9184-5223
이메일 mopo64@hanmail.net
정가 10,000원